真富人,
假富人

[韩]史景仁 / 著　孙晓美 / 译

四川人民出版社

图书在版编目（CIP）数据

真富人，假富人 /（韩）史景仁著；孙晓美译. --
成都：四川人民出版社，2023.8
ISBN 978-7-220-13155-4

Ⅰ.①真… Ⅱ.①史… ②孙… Ⅲ.①私人投资
Ⅳ.① F830.59
中国国家版本馆 CIP 数据核字（2023）第 068169 号

Copyright © 2020 by Sa kyungin
All rights reserved.
Translation rights arranged by Secret House
through May Agency and CA-LINK International LLC.
Simplified Chinese Translation Copyright © 2023 by Tianjin Staread Culture Co., Ltd.

四川省版权局著作权合同登记号 21-2023-28

ZHEN FUREN，JIA FUREN
真富人，假富人
[韩] 史景仁　著　孙晓美　译

出 版 人	黄立新
出 品 人	柯　伟
选题策划	杨影单
监　　制	郭　健
责任编辑	陈　纯
特约编辑	宋　鑫
营销编辑	秦玉枝
装帧设计	八牛·设计
责任校对	程　川
出版发行	四川人民出版社（成都三色路 238 号）
网　　址	http://www.scpph.com
E-mail	scrmcbs@sina.com
新浪微博	@ 四川人民出版社
微信公众号	四川人民出版社
发行部业务电话	（028）86361653　86361656
防盗版举报电话	（028）86361653
照　　排	天津星文文化传播有限公司
印　　刷	三河市嘉科万达彩色印刷有限公司
成品尺寸	146mm×210mm
印　　张	8
字　　数	180 千
版　　次	2023 年 8 月第 1 版
印　　次	2023 年 8 月第 1 次印刷
书　　号	ISBN 978-7-220-13155-4
定　　价	49.80 元

■版权所有·侵权必究

本书若出现印装质量问题，请与我社发行部联系调换
电话：（028）86361653

序言

没有房子，也没有豪车，但我是真正的富人

我现在没有房子，租住在首尔郊区离岳母家很近的一间旧公寓里。我的车也是开了十多年的韩国轿车，二手车市场估价 300 万韩元（约人民币 1.5 万元）左右。虽然没有房子，也没有豪车，但我是真正的富人。从当下社会标准来看，人们可能无法理解；但是从我的标准来看，我自认算是富人。不是因为达到了所谓的"真正的富有无关金钱而在于内心"的超脱境界，而是作为会计师的我，根据数字和金额计算得出来的结论。

我现在的收入比三四年前减少了一半。对四十多岁的男人来说，现在应该是经济收入的巅峰期，收入减半大概会承受很大的压力吧。但是，三四年前的我并不富有，现在的我反而成了富人，这是我创立了"致富公式"后，通过计算得到的结果。

"我根本不想成为你说的这种没房没车、收入减半的富人"，我要为有这种想法的人提供一些提示。几个月前，我的第二个孩子出生了。在妻子预产期之前的一个月里，我就没有工作，没有任何收入，只是专注于照顾将要临盆的妻子；孩子出生后，我则一边照

顾妻子，一边照顾已经出生的第二个孩子，以及因突如其来的变化而惊慌失措的第一个孩子。这与当年第一个孩子出生的当天，我还要去讲课赚钱的情况截然不同。

几周前，我在Facebook（一个社交网络服务网站）上看到了一段文字："有人想在芬兰的罗瓦尼埃米住一个月吗？"

这位网友住在芬兰，三周后他将要回韩国待一个月，这期间他愿意将空置的房子免费提供给有需要的人暂住。这条消息瞬间引来了无数的点赞和评论，大致内容如下：

- 哇！真是个好机会，真羡慕能去的人啊！
- 真的好激动，也想申请一下啊。
- 我正在考虑要不要辞职去呀。
- 虽然不能申请，但是心已经飞过去了。

你是否能在三周后开启为期一个月的国外旅行？对我而言，看到此信息后，我只需要取得妻子的同意即可，不必担心旅行费用和生计问题，当晚即可报名，这就是我通过"致富公式"成为"真正的富人"后获得的自由。

本书将讲述如何将这种生活变为可能。真正让我成为富人的不是"对金钱的执着"或是"抑制欲望的节俭"，成为真正的富人，最重要的是"领悟"和"设定方向"。通过这本书，你可以获得如下的感悟：

1.需要有辨别真假资产的能力。大多数人把并非资产的东西(房子或车子）误认为是资产，所以才没能成为富人。

2. 需要有辨别良性负债和恶性负债的能力。有的人认为绝对不能负债，有的人却能善用债务发家致富，这其中的原理你要弄明白。

3. 需要有辨别能致富的收入和难致富的收入的能力。有的人拿着让人羡慕的诱人收入却陷入沮丧，有的人收入不多却可以无忧无虑地生活。

4. 本书将教你学会如何科学节俭，而不是过度节俭。我们想要的不是因为省钱而放弃很多物质的窘困生活，而是要通过科学节俭来享受更好的生活。

5. 树立评判富人的正确标准。判断一个人是否为真正的富人，并不该以财产数值作为标准，而应该以其对生活的满意程度为基础，以他是否越来越接近幸福的生活作为判断标准。

这是一本和会计学有关的书，因为会计学能解释"致富公式"的由来，并为其实践指明方向。所以，这也是一本教你如何生活的书。希望把父辈没有传授的理财知识和我将教给自己孩子的理财知识都写进了这本书里。对从不会后悔的我来说，这是唯一包含了"要是早点知道就好了"的内容的书。衷心希望读过这本书的你，在几年之后也能过上对自己的财富状况感到满意的生活。

史景仁

第 1 篇
成为真富人的公式

第一章

富爸爸为何让我学会计？

你需要完全不同的学习・002
关于赚钱，你学习过吗？・003
通往财富之路的导航・005
超简单的致富公式・007

第二章

致富公式1：确定现在所处的位置

你拥有多少财产？・008
真正的富人是资本雄厚的人・009
致富公式1：资产 − 负债 = 净资产・012
理财的目标不是增加资产・013
理清净资产有多少・015
致富练习・017
梳理清楚才会发现问题・020
确定当前位置的标准・021
衡量资产数额的三种方法・023
如何选择估值标准？・026
写下来才意识到的事情・027
致富练习・031

目录

第三章

致富公式 2：设定可量化的目标

每日记账真是太难了！· 032

每月只需确认一次余额 · 034

致富公式 2：净资产额 – 净资产额 = 利润 · 036

致富练习 · 037

理财的基础是记录和检视 · 041

"十年内拥有自己的房子"不是目标 · 042

致富练习 · 044

理财也需要"Plan-Do-See" · 046

夫妻共同理财的优势 · 047

第四章

正确看待资产和负债

我最有价值的资产是什么？· 053

真资产 VS 假资产 · 054

房子是资产吗？· 058

致富练习 · 062

负债真的是坏事吗？· 064

良性负债越多越好 · 066

良性负债 VS 恶性负债 · 068

真正的富人擅长运用债务 · 069

偏重于房地产真的是一个问题吗？· 072

优质的投资，收益应该大于采购成本 · 073

致富练习 · 077

第五章

如何区分收入和费用?

收入也有很多种·078

想成为真正的富人,就要区分收入来源·082

收入类型不同,资产类型也不同·084

致富练习·087

收入和利润的差就是费用·089

这是必要开支吗?·091

致富练习·092

第六章

致富公式3:判断富人的标准要改变

如果你有一份家传秘方,你会卖掉吗?·093

要拥有多少财富才算富人呢?·094

致富公式3:系统收入 > 生计费用·096

与其积累财产,不如实现财富自由·097

第 2 篇
学致富，现在还不晚

第七章

我的财富自由之路

突然成为一家之主，我陷入了困境 • 102
只工作 4 个小时的生活 • 104
站在高收入的巅峰 • 107
我陷入了焦虑的循环 • 110
时薪上涨带来的副作用 • 112
走出陷阱，寻找真正的自由 • 115
成为真正的富人，做自己人生的主人 • 118

第八章

创造被动收入，迈向财富自由

想要富起来，千万别只靠工资 • 121
只存钱，你会"越存越穷" • 126
收益率 6% 的魔法 • 128
致富练习 • 135

第九章

持续增加系统收入，加速财富累积

人人都能创造系统收入·138

创造房产租赁收入·141

小额投资也能轻松获利的分红股·147

打造如月租般的股票收入体系·154

生活所学都将化为资产·165

其他创造系统收入的方法·173

第十章

缩减生计费用

既然不能开源，就要节流·176

至少要把收入的20%用于投资·179

不可忽略的税收和通货膨胀·184

要想办法缩短财富积累的周期·186

致富练习·189

第十一章

找到成为富人的路径

你需要属于自己的路线图・194

不用养家的单身人士，至少要把收入的 50% 攒下来・196

丁克一族也至少要将收入的 30% 攒下来・198

有了孩子，也至少要把收入的 30% 用于投资・200

投资越晚，需要投入的金额越大・204

分散投资是获得 6% 收益率的保障・209

为了更高的收益，需要投资资产・210

必须要提高投资资产的预期收益率・220

资产配置必不可少・226

致富练习・228

结束语　做幸福的真富人・236

附录・242

第 1 篇

成为真富人的公式

第一章

富爸爸为何让我学会计？

◆ 你需要完全不同的学习

在畅销全世界的《富爸爸穷爸爸》一书中，作者罗伯特·清崎描述了这样两位爸爸：一位是不仅获得了博士学位，还积累了丰富的成功经验，却一贫如洗的亲爸爸；另一位是朋友的爸爸，虽然他连中学都没读完，却成了富豪。"富爸爸"告诉书中一心想发家致富的主人公：学校永远无法教会你成为富人的方法。通过学校的教育，你只能学到"为金钱工作的方法"，而学不到"让金钱为我工作的方法"。想成为富人，你需要学习完全不同的知识，但只有一门课程例外，那就是会计学。

一直主张学校教育对成为富人没有帮助的"富爸爸"，为什么一定要"我"学习会计学呢？

当我第一次接触到这些内容时，作为会计的我心中充满了自豪。我为我的职业感到骄傲，相信自己迟早有一天也会成为一个大富翁。但是通过阅读和学习，我意识到，作为一名会计师所学习的会计学和为了成为富人而学习的会计学，在内容上是有天壤之别的。

想要成为富人，学习会计学是必要的。但在学校学习的会计学，目的不是让个人变得有钱，而是让公司赚钱。让公司赚钱的"企业会计"和让自己有钱的"理财会计"虽然原理相同，但在实际应用中的作用大相径庭。

◈ 关于赚钱，你学习过吗？

我们把生命中最多的时间都花在了赚钱上，却没有真正地学习过如何赚钱。每当接触到"学习赚钱"的内容时，总会产生一种违和感。如果你的孩子热爱学习，你会十分高兴；但如果他热爱的学习是关于赚钱的呢？

我们很难把金钱和学习放在一起。

我父亲也一样，在我的学生时代，他绝不允许我兼职挣钱："赚钱的事情都交给爸爸，你就好好学习吧！"

我的父母最终没有完成学业，因为家境贫寒，他们不得不辍学，帮着家里劳作或是出去赚钱。因此他们下定决心，绝对不能让子女也这么悲哀，所以绝不能容忍我边上学边兼职挣钱。

但是他们这种"只要好好学习，别的什么都不用管"的想法对我来说像是毒药。在我的认知里，金钱成了一种"不必担心"或"不用在意"的东西。同样在工作后的社会生活中，我也会认为金钱是不用太在意、不必担心的东西。当然，最好的情况是足够有钱，什么也不用担心，但问题是现实并非如此。现在看来，尽管我的职业是会计师，我却没有处理好自己的财务状况，当年的我很拮据。

我硕士专业读的是会计学，并且通过了会计师考试。结婚时，我已经在会计师事务所工作了四年，但我依然很穷。我自己的财务状况一团糟，就像医者不能自医，我给资产数千亿韩元的公司做审计并指出问题所在，却不知道自己已陷入了财务困境。虽然有种困于陷阱的感觉，却不知道其中的原因。我无法将自己从财务困境中解救出来，因为我没能把所学的知识应用到实际生活中。

我们常常因为金钱而烦恼，与其说是因为没钱，倒不如说是对金钱不了解的缘故。试想一下，如果我的收入为每月300万韩元，不会增加也不会减少，也不能贷款。其实就算是每月收入为200万韩元（约人民币1万元）也行，我也会尽量省吃俭用，好好生活。至于斥巨资买房买车等，我连想都不会去想，取而代之的是去寻找那些即使没有钱也能拥有的小小幸福。

但是我手里的钱不是固定不变的。收入有时会增加，有时也会减少，支出更是如此。有了家庭和孩子，支出自然就会增加，甚至还要贷款买房。有的时候，还可能不得不冒险进行投资。虽然生活在"明天会更好"的茫然期待之中，但即使到了明天，我依然会因为金钱而焦虑。如果你正在憧憬十年后的生活，那么请先回到十年前，想想现在的生活是否如当初所期待的一样？

我们大多数人对金钱都没有主导权，往往不能把钱用在想用的地方，而是在不得不花钱或是不由自主的情况下，就把钱花了出去。我们对如何合理消费都不甚清楚，更别提拥有对金钱的主导权了。关于这种窘境，从我们时常扪心自问的几个问题就能体现："**每个月的工资到底都花在哪里了？为什么手头总是这么紧张呢？**"

💎 通往财富之路的导航

几年前,在一次授课回来的路上,我的车载导航突然失灵了,手机也没电了。因为之前我去过那里几次,所以寻着路标,好不容易才回了家,但花了以往两倍多的时间。在学习如何致富的过程中,我意识到会计学就像导航,它为你指引着通向财富的道路。当然,没有导航并不意味着车不能启动,或者到不了目的地。同样,很多人并没有学习过会计学,但他们也成了富人。但我想如果这些人学过会计学,那么他们可能早就成为富人了。

在导航里输入目的地后,导航会找到当前位置和目的地之间的最短距离,并给出路线指引。而本书将要讲述的内容就像导航,在你成为富人的道路上,为你指引方向。

1. 找到现在所处的位置

只有知道当下位置,导航才能找到路径。想成为富人的人很多,但知道自己当下与成为富人还有多远距离的人并不多。你制作过自己的财务状况表吗?按照会计学中的方法制作出来的"财务状况表"不同于一般的财产清单,它可以简单明了地让你清晰掌握自己的财务状况。

2. 设定可量化的目标

富人的标准是什么?你想成为什么样的富人?人人都想成为富人,但知道衡量和评判标准的人并不多。评判富人的标准可能因人而异，但其区别绝不仅仅在于财富的数额。比如"10亿韩元（约人民币505万元）还是100亿韩元"，就是把衡量富人的标准定为"财产"，然后设定具体数值。但是也有人会把衡量富人的标准定为财产之外的其他内容，比如我。读完这本书，你也会有自己的判断标准，然后按照这个标准设定属于自己的目标吧。

3. 到达目的地的各种路径

大部分导航系统在我们输入目的地后，会给出多种路径。有距离最短的路线；有避开拥堵，时间最短的路线；有不收过路费的路线等供你选择。同样，通向财富的道路也有很多，你将会在本书中看到多种可供选择的路径。但即便有导航系统，汽车也不能自动到达目的地；即使有导航指路，也需要你亲自驾驶汽车才能到达。同样的，仅仅靠读了这本书，你是不会自动变成富人的，你要努力跟着导航走。与此同时，会计学会一直陪伴着你，给你反馈，给你动力，帮助你走完那段艰难而乏味的旅程。

电脑游戏中的角色扮演游戏，其实是非常无聊的。为了提升战力和获得装备，玩家们必须不厌其烦地"打怪升级"，这种看似毫无意义的"打怪升级"，却可以让玩家们通宵达旦、乐此不疲。游戏角色不断成长，逐渐变强，是玩家们废寝忘食玩游戏的动力。而通过会计学，你可以看到自己的财富等级持续上升，如果你上瘾了，那么恭喜你，你马上就可以过上你想要的生活了。

◊ 超简单的致富公式

会计原理课上有几个公式,都是一些非常简单的表达式,主要由加减法组成,比如:

> 资产 – 负债 = 资本
>
> 收入 – 成本 = 利润

虽然很简单,但仅凭这几个公式,我们就可以了解企业现在的经营状况:资产多少,负债多少,利润多少。从规模较小的个人独资企业,到资产数百万亿韩元的大企业,这些公式都能适用。以这些公式为基础,企业可以制定目标、预算,并找出经营上存在的问题。

只要将这些原本以企业为基础的会计公式稍微调整一下,以个人为基础,它们就变成了我精心设计的"致富公式"。担心你怕难,提前说一声,这个学习起来一点都不难。公式虽然简单,却拥有无穷的威力。学习并实践致富公式,让身为会计师的我由"高收入的奴隶"变成了"低收入的富豪"。我敢说,如果你从现在开始一点点学习和实践致富公式,你的人生一定会发生意想不到的变化。

第二章

致富公式 1：确定现在所处的位置

◇ 你拥有多少财产？

在课堂上，我经常提出这样的问题："你现在拥有多少资产？在座的各位，有没有资产达到上千万韩元或是上亿韩元的？"

碍于旁人在场，有很多人虽然没大声说出来，但都在暗暗盘算着：

- 刚刚踏入职场，才工作一年，哪有什么可以称得上是资产的？
- 现在房价这么高，折算成现金，再加上银行里的存款和手里的股票，大概差不多吧。

那么你呢？现在暂时合上书算一下吧。因为不是在上课，也无须在意旁人，希望你能好好算一算，你有多少资产。

计算完后，希望你能把它写在本页空白处或者记在记事本上，最重要的一点是，把它"写下来"。如同人们减肥不成功往往并不是因为不懂方法，而是不能付诸行动。如果你读了这本书还是没能成为富人,那么不是因为你没读明白书中的奥秘,而是因为你没有身体力行,所以一定要先写下来。

你现在拥有多少资产?

好了,写好后再问自己下一个问题,也是我讲课时常常会提出的问题:

你现在拥有多少资本?

将这个问题的答案也写下来吧。

你认为现在拥有的资本规模是多大?

你知道第一个问题中的"资产"和第二个问题中的"资本"的区别吗?一部分人听到第二个问题后会有这样的反应:"啊,怎么回事?这不是同一个问题吗?"

或者,拿起笔修改第一个答案。

"啊,你是说资产吧?"

💎 真正的富人是资本雄厚的人

在企业会计学中,资产和资本的区分体现在通常被称为"资产负债表等式"或"财务状况表等式"的常用表达式中(很长时间以来,表示资产、负债和资本的财务报表被称为"资产负债表",而现在正式术语称为"财务状况表")。

$$资产 = 负债 + 资本$$

举个例子,假设你买了一套房子,房子售价5亿韩元(约人民币250万元),而你只有3亿韩元(约人民币150万元),所以得从银行贷款2亿韩元(约人民币100万元)。价值5亿韩元的房子是你的"资产",它是由银行贷款2亿韩元的"负债"和属于你自己的3亿韩元的"资本"构成的。因此,如果问你有多少资产,你的回答应该是5亿韩元;如果问你资本是多少,你的回答则应该是减去负债后得到的3亿韩元。

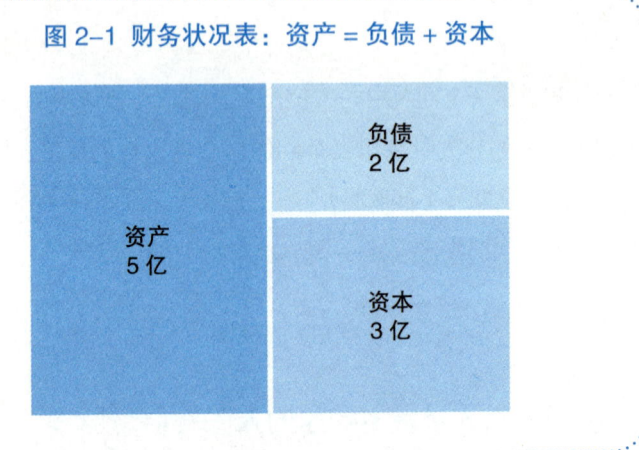

事实上,在日常生活中,通常人们会问你有多少财产,而不会

去问你有多少资产或多少资本。那么，财产又是什么呢？韩国国语字典中对财产的解释为"具有金钱价值的财物或资产"，这与我们之前说到的"资产"很接近（从法律的角度来看，除了积极资产外，资产还包括消极资产，也就是负债）。所以，当我们谈论某人的财富时，我们会用资产来表示，如"他拥有两栋大楼"。

但真正的富人不是拥有很多资产的人，而是资本雄厚的人。即使你有两栋大楼，但只要是贷款购买的，一旦楼市价格下跌，就会变成连贷款都还不起的"贬值房产"，那么你就不能被称为富人。

"财富"应该以资本而非资产为标准来进行判断。

但是"资本"一词，相较于"我拥有的财产"而言，更多时候强调的是为了做生意需要的本钱。在韩国国语字典上的解释也是"从事工商业经营的本钱"，也就是种子钱[1]的概念。从企业的角度出发，股东提供的资本起到了种子资金的作用，因此将其称为"资本"便不足为怪了。但从个人角度来讲，在表述"我拥有多少钱"时，使用"资本"一词就会有些奇怪。因此，对个人而言时，不用"资本"，而是用"净资产"或"纯资产"这种说法更为准确。在企业会计中，也会用"净资产"一词代替"资本"，意思是"总资产减去负债后剩下的纯资产"。

---

[1] 种子钱：形容种下去后会一直生长，即不会亏本的投资。而原始资金或者启动资金与之不同的是，它们可能会亏本。（如未标"作者注""译者注"，均为编者注。）

◈ 致富公式 1：资产 – 负债 = 净资产

企业会计中，财务状况表的恒等式表现为以下两种形式：

> 资产 = 负债 + 资本 ①
> 资产 – 负债 = 资本 ②

两个表达式在数学计算上是相同的，但解释略有不同。等式①主要用于设立公司之初，即揭示如何筹集创立公司时所需的资金：自己投了多少钱（资本），别人投了多少钱（负债），加起来一共投入了多少（资产）。而等式②则是揭示公司经营的结果：站在投资者的立场上来看，要知道现在的资本份额是多少，是增加了还是减少了，从全部资产中减去负债后，其资本份额是多少。

从个人的角度来看，投资时一定要了解等式①。在购买5亿韩元的房子时，要清楚自己有多少钱，需要向银行贷款多少。另一方面，为了弄清楚我有多少净资产，我要随时关注楼市的起伏变化，并扣除剩余的贷款。因此，把等式②中的"资本"换成"净资产"，就产生了下面这个公式：

> 资产 – 负债 = 净资产

这就是我的第一个致富公式。

◆ 理财的目标不是增加资产

人们在制订理财计划的时候,经常一开始就会犯错,他们把理财的目标定为:

- 六个月攒 1,000 万韩元(约人民币 5 万元)
- 五年内拥有 1 亿韩元(约人民币 50 万元)的本钱
- 有房、有车、有 10 亿韩元存款

如果你去书店,在众多理财书籍的书名和目录中也经常会看到这样的内容。但是很可惜,这些理财的目标都是从资产的角度来设定的。虽然没有明确说明,这样的目标也都是必须在"不欠债"的前提下实现的,读者在执行的过程中就会出现一些问题。

例如,有的人为了实现五年内拥有 1 亿韩元的目标,开始定期存钱。他们知道如果只是把每月结余的钱存起来,根本无法实现这个目标,所以狠下心来逼迫自己存款,先强制存钱,再用剩下的钱过日子。可是钱不够花了怎么办?再使用信用卡分期付款或取现金来解燃眉之急。不顾实际情况而盲目地存钱,就像是连水都不喝,饿着肚子去减肥一样,勇气可嘉,却很难实现。

拥有没有贷款的房子、车子和 10 亿韩元存款的目标也是如此。不贷款,真正全款买房子的人又能有多少呢?为此,等到凑够购房款时,却发现错过了购房的最佳时机。人们发现攒钱的速度永远也比不过房价上涨的速度,因此常常会听到一些后悔的抱怨。我的父母就经常这样说："那时候就算借钱也应该买下澡堂前面那块地的……"

理财的基准和目标不应该是资产，而应该是资本，确切地说是净资产。如果单纯地以增加资产为目标，只要申请二级银行[1]贷款就可以了。如果利用股票贷款（股票抵押贷款），投资资产可以立即增加好几倍。但是，我们要以减去负债后的净资产为基准制定目标，而不是以总资产为基准。因此，我们需要以现在所有的净资产作为出发点。

比如，你现在拥有的资产是 6,000 万韩元（约人民币 30 万元），负债是 2,000 万韩元（约人民币 10 万元），那么，如果想要在五年后拥有 1 亿韩元的净资产，一年要攒多少钱呢？

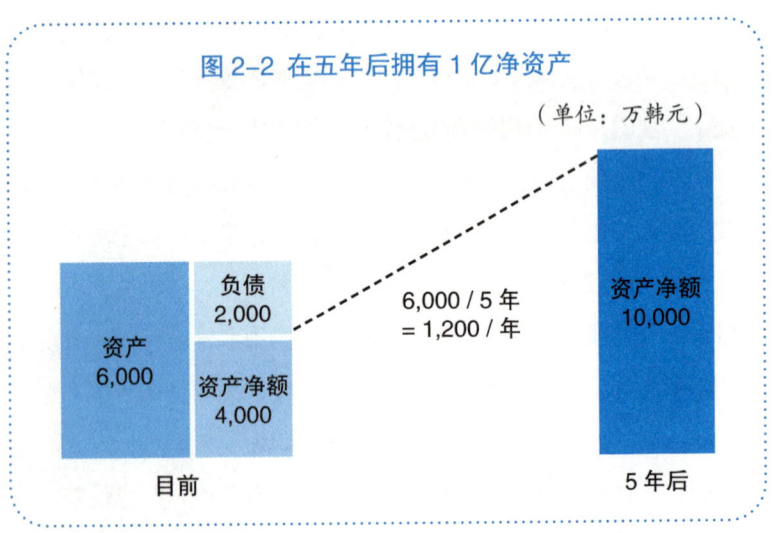

图 2-2 在五年后拥有 1 亿净资产

---

1 二级银行：在以中央银行为领导、商业银行为主体、多种金融机构并存的分工协作的银行体系中，相对于一级银行贷款来说，二级银行贷款的贷款条件和贷款规则更具有灵活性，但贷款的金额也比较低。

如图 2-2 所示，目前净资产为 4,000 万韩元（约人民币 20 万元），目标是 1 亿韩元（约人民币 50 万元），需增加 6,000 万韩元。如果时间是五年，那么一年要攒 1,200 万韩元（约人民币 6 万元）。

如果你的平均年薪是 3,000 万韩元（约人民币 15 万元），那么你每个月能支出的金额是多少呢？如果你想一年攒 1,200 万韩元，必须每月存 100 万韩元（约人民币 5,000 元），当前每月的收入是 250 万韩元（约人民币 1.2 万元），所以每个月可以花 150 万韩元（约人民币 7,500 元）。那么，如何用 150 万韩元生活一个月呢？首先要从必须支出的项目分配预算，这就是理财的第一步。

然后按月确认资产和负债情况，确认每个月的净资产是否按照计划增加了 100 万韩元，并不断调整目标或计划。例如，在计划实施了三个月后，不管资产和负债各是多少，二者的差额——即净资产必须是 4,300 万韩元（约人民币 21.5 万元）。如果三个月后净资产是 4,350 万韩元（约人民币 21.7 万元），高于原计划的话，就可以稍微轻松一点；反之，如果三个月后净资产不足 4,300 万韩元，就要再"勒紧裤腰带"了。

◇ 理清净资产有多少

我们不是不知道，只有从资产中减去负债才能真正算出自己的净资产，应该没有人会把贷款 80% 买的房子当成"我的净资产"吧。但重要的是，不仅仅要理解这一概念，还要将其应用到实际情况中去。

很少有人知道自己实际的资产是多少，负债又是多少，记录和管理这些的人更是凤毛麟角。那么请认真地问一下自己："你的净资产比一年前增加了多少？平均每月能增加多少？"

对于以上问题，即便是那些制订了理财计划来管理金钱的人，也很难立刻做出回答。即使知道一个月的工资是多少，也并不清楚自己的净资产增加了多少。就像经营着小本买卖的个体户一样，虽然都清楚地知道自己的月销售额，却不清楚除去各种费用后剩下的纯利润有多少。大多数人以为表面看到的材料费、人工费、租金等支出就是费用，如果再减去折旧费和税金，纯利润就所剩无几了，不过是做着"账面上赚，实际上亏"的买卖。

如果公司老板只知道自己公司的销售额，但不知道扣除费用后剩下的纯利润是多少，会怎么样呢？一家不知道每月盈利有多少的公司还能正常经营吗？在企业经营里难以想象的事情，发生在个人身上，大家却习以为常。这就是因为个人的财务状况没有使用会计系统来计算，也就是说，只看表面的收入和所得，而没有系统地记录成本与费用等相关数据。

致富练习

计算出自己的净资产

有一次，我在有线频道忽然看到了一个很有趣的电影场面，一下子看入了迷，沉浸其中不能自拔，看着看着我忽然想起来了：啊……这画面我曾在电影院里看过！

即使是十分有趣的电影，看过几年后也会遗忘。只读过一遍或看过一次的东西绝对成不了自己的东西，只有亲身体验、实践过的知识，才能为自己所用。

让我们整理好净资产然后记录下来吧，这并不难。你只需要在下一页的工作簿上记录你所拥有资产的明细和相应的金额即可。同样的，负债也是如此。这些表格将会帮助你完成致富公式。

成为富人的方法并不难，难的是不怕困难和坚持不懈。理解它很容易，你知道这就是成为富人的秘诀。但如果你照着这个方法去做了，你就会发现这是一件多么困难的事情。本以为很简单，一旦做起来却非常棘手，四处碰壁。大家遇到的问题都不一样，但大概会有以下疑问：

- 这个也算是资产吗？
- 这个金额我应该写多少呢？

在企业会计中，最终也会纠结于这两点："认知"和"评估"。

但是不管怎么说，唯有突破困境才能有所领悟。你可以写在下面的表格里，或者单独用 Excel 整理也可以。但是千万不要再拖延了，现在就去做吧。

致富练习 1

资产	
项目	金额
合计	

致富练习 2

负债	
项目	金额
合计	

致富练习 3

净资产	
资产	
负债	
净资产（资产 – 负债）	

💎 梳理清楚才会发现问题

亲手制作自己的财务状况表，你就会对自己的财务状况有更深入的了解。也可能会遇到很多意想不到的问题和麻烦，还会出现很多不会填写的地方，这是正常的。通过存款记录定期核算存款余额，并不会遇到太多问题，但是理清资产金额并不容易，比如你可能遇到这样的问题：

汽车要算多少钱的资产呢？

对普通的上班族来说，最值钱的两项资产就是房子和车子。我知道你肯定在资产清单上写了汽车，但应该写多少金额呢？买的时候价值2,000万韩元的汽车现在还能算是2,000万韩元的资产吗？如果没有车自是不必为此而烦恼，那么下一个问题又该如何解答呢？

缴的保险费算是资产吗？

大多数有收入的人都会购买一份保险，即使没有投保，至少也会缴纳公民社会保险[1]。那么这算是资产吗？我知道缴纳的保险费是支出，那我预期会得到的保险金是不是资产呢？如果算作资产，应该写上多少呢？是缴纳的金额，还是到期时可领取的金额呢？或者是现在退保能拿到的金额呢？

我们每月缴纳的公民社会保险到底是什么呢？在没有分清这是不是资产的情况下，我们依然在按月缴纳？

除此之外，问题因人而异。比如，有的人资产目录的第一项是

---

1 公民社会保险：类似于我国的社保，但因为韩国是资本主义国家，公民的社保是交给商业机构运作的，由国家强制要求公民缴纳的。

收藏品。有些人收集自己喜欢的艺人的纪念品，有些人收集稀有古董或限量版的运动鞋。这些也都能算作资产吗？那么这些东西的价值又该如何来衡量呢？

也正因如此，我才会劝说你一定要写下来，只有这样才能找到自己的问题所在，并在解决这个问题的过程中找出属于自己的方法，这些问题可能是我不曾想到的。现在，你需要寻找的不是"作者我本人变成富人的方法"，而是"你自己变成富人的方法"。我的方法是一个参考罢了，但如果不亲自尝试，就找不到自己的问题所在，更不用说去找出解决方案了。

发现自己的财务现状所存在的问题并加以解决，这就是你掌握金钱主动权的过程。我再次强调，因为不了解，所以会担心。至于保险等问题，我们放在后面再讨论，让我们先了解基本的衡量方法吧。

◈ 确定当前位置的标准

前面我提出的问题和你自己提出的问题，都没有明确的答案。但是在制作企业财务状况表时，却是有标准答案的，那就是要遵循"会计准则"。因为它明确了各种财务项目的分类依据及计算方法，是企业必须遵循的标准。

会计准则不止一个。也许有人会问，标准怎么会有很多个？在韩国，企业使用的会计准则主要有以下三种：

- 韩国采用的国际会计准则[1]
- 一般企业会计准则
- 中小企业会计准则

每个标准的适用对象是不同的。在股票市场，上市的公司必须遵循韩国采用的国际会计准则；而非上市公司则可以采用一般企业会计准则；至于那些经营规模小、不用接受外部审计的企业，按照中小企业会计准则就可以了。

之所以需要会计准则，是为了向他人展示你的财务状况。不管是向银行贷款还是想从投资者那里获得投资，企业都必须要提供财务报表。因此，当会计提交财务报表的时候，必然需要使用统一的标准来制表。毕竟，如果每个想要贷款的公司提交的财务报表都不相同，那么银行就很难做出判断，公司也就无法得到贷款。

但是个人既没有编制个人财务报表的义务，也没有相应的编制标准。因为它不是做给别人看的，也不是为了向任何人展示和炫耀的，它是你为了清楚了解和确认现在的"位置"所制作的。有些人因为担心自己的真实财务状况被别人知道，所以连写工作簿都是犹豫不决的。

没有固定的标准，就意味着可以不受约束地尽情发挥，但对一部分人来说，这样反而无从下手，甚至都不知道该先做什么，还不如直接明确规定汽车应该写多少金额，保险金应该算是什么项目类别。在电影《肖申克的救赎》中，有一位名为布鲁克斯·哈特伦的

---

[1] 韩国本身是有选择地采用国际会计准则的，所以作者特别强调是韩国采用的部分内容，不是全部的国际会计准则。——译者注

囚犯，他在监狱度过了大半辈子，服刑五十年后终于被假释了，获得了自由。但是自由让他无所适从，痛苦不已，最后他以自杀的方式结束了自己的生命。影片中另一个服刑了四十年获释的囚犯埃利斯·瑞德·雷丁有这样一段独白："四十年来，总要得到允许我才能去上厕所。现在如果不报告，我一滴尿也撒不出来。"

个人的财务报表没有编制标准，可以自由制作，但正如电影里的囚犯，要顾及自己的膀胱，就得忍受管制。所以，还是让我来给出几个选择吧，这对于喜欢客观接受而没有主观能动性的人很有帮助。当然，任何时候你都可以找到更有创意、更适合自己的替代方案并加以应用。

◇ 衡量资产数额的三种方法

在编制个人财务报表时，你可以参考企业的会计准则，企业也会购入汽车和投入保险。企业衡量资产的标准有三种（虽然在理论上出现了《财务报告的概念体系》等很多的衡量标准，但实际上使用的是三种标准）。

接下来，让我们以汽车为例，了解一下这三个标准是什么吧。

我现在使用的汽车是三年前花 2,000 万韩元买的，本来打算使用五年左右，

也就是再使用两年后会卖掉它换一辆新的。如果现在出售，二手车市价1,300万韩元（约人民币6.5万元）左右，两年后能卖差不多1,000万韩元。

历史成本（HC，Historical Cost）

历史成本也称作会计成本，是指当初购买时的价格。上例中的汽车，其历史成本就是2,000万韩元。因为是已经付过的钱，不管过去多少年，金额都不会改变，可以看作历史成本是不会改变的[1]。

公允价值[2]（FV，Fair Value）

简单地说，公允价值就是指当前的"市价"。再以汽车为例，目前二手车的售价1,300万韩元即是公允价值。但是市价有涨有跌，以公允价值计算时，应该在对应的时间节点确认其市价。

摊余成本（AC，Amortised Cost）

与历史成本（会计成本）和公允价值（市价）相比，摊余成本（摊销后成本）是一个晦涩难懂的概念。摊销是"扣除"的意思，即在一定时期内将成本分摊，从而将成本降低到一定程度，而成本降低的同时，也就是将价值增加到了一定程度。

假设你以10%的年利率存入三年定期存款，这种三年定期整笔定存的形式，不必每月存钱，已存入的金额将在三年后获得利息加本金。如果存入100万韩元的定期，一年后的存款应该是多少呢？

---

1 从学术角度来说，历史成本是不会改变的是一个错误的说法，但为了方便理解，可简化理解为不会改变，特此说明。——作者注
2 公允价值：市场参与者在计量日发生的有序交易中，出售一项资产所能收到或者转移一项负债所需支付的价格，即脱手价格。

利率为10%，那本金加利息为110万韩元；两年后就是120万韩元。如果计息方法是利滚利的复利，那么110万韩元加上11万韩元利息，就会变成121万韩元。无论是单利还是复利，都会按照约定的利率稳定增长，用这个金额来衡量价值就是摊余成本。

还是以汽车为例，假如这辆车当前的二手市场价为1,300万韩元。如果不打算马上卖出，这个市价实际是毫无意义的。如果打算五年后换车，换车时的市价才更重要。比如，当初花2,000万韩元买的车，五年后预计能卖到1,000万韩元左右，相当于每年减少200万韩元。根据这一假设，汽车购入一年后的价值为1,800万韩元，两年后的价值为1,600万韩元，三年后（现在）的价值为1,400万韩元，这样计算出来的价值就是摊余成本，而每年减损的200万韩元就是年折旧额。在案例中，第三年的1,400万韩元就是摊余成本。

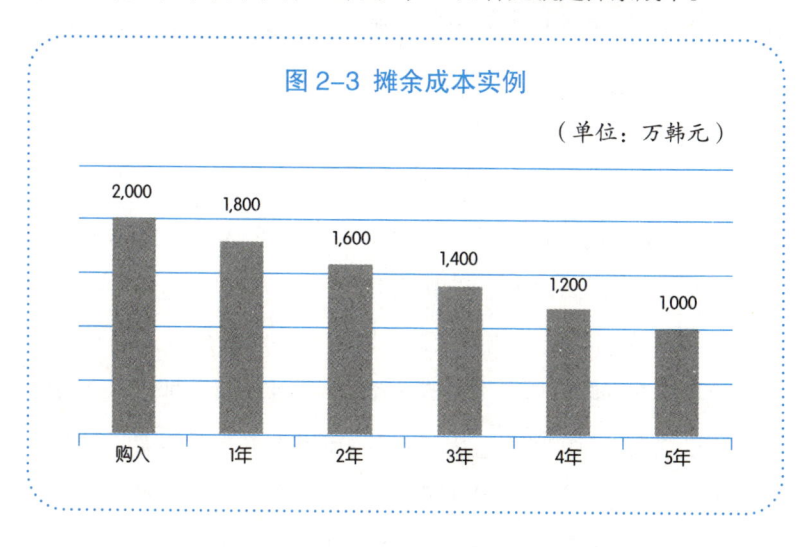

图2-3 摊余成本实例

（单位：万韩元）

购入	1年	2年	3年	4年	5年
2,000	1,800	1,600	1,400	1,200	1,000

综上所述，我们可以根据三种不同的评价标准分别计算出这辆

车的不同金额。接下来,我将以成本、市价、摊余代替难懂的专业术语,尽量简单表述。

表 2-1 案例中汽车的三种金额

(单位:万韩元)

标准	成本(HC)	市价(FV)	摊余(AC)
金额	2,000	1,300	1,400

◆ 如何选择估值标准?

选择用成本、市价、摊余中的哪一种来计算价值,完全取决于个人的选择。如果买车不是为了自己使用,而是为了收藏,精心保管五十年后,作为收藏品出售,那么成本就会成为最合适的测定值。如果你想在需要钱的时候随时能把车卖掉,那么最好用市价来衡量。但是对大多数人来说,汽车是在长期使用后,到了想更换的时候才会更换的交通工具,所以摊余会更合适。事实上,企业会计准则中也允许适时选择应用 AC(摊余成本)或 FV(公允价值)。

虽然前面以汽车为例,但其他资产大多也可以用这三种标准来衡量价值。我们再以土地为例,可以用购买时的成本来确定其价值,也可以在了解行情后按市价计算。一般来说,土地是不会减值的,所以摊余价值就不太适用了。但如果你投资的是股票,虽然用市价来衡量也是合理的,但如果是非上市股票,市价很难衡量,这时你可能需要用原价或摊余(如"这只股票的价值一年至少增加 10%")来计算。

有时候，你还可以制定自己的计算标准。假如你打算把使用了五年的汽车在二手市场行情还不错的时候卖掉，在这种情况下，将每年摊销后的成本与当时的市价进行比较，以较高的金额进行计价更为合理。计算方法如下：

表 2-2 摊余成本与市价估值对比

（单位：万韩元）

区分	1年车	2年车	3年车	4年车	5年车
摊余成本	1,800	1,600	1,400	1,200	1,000
市价	1,750	1,650	1,300	1,250	1,100
评估值	1,800	1,650	1,400	1,250	1,100

不管怎么样，自己定个标准就行了。事先声明，其实我对汽车的计价并没有使用上面提到的方法，而是采用完全不同的方法，这个方法我会在之后的内容里进行介绍。

◇ 写下来才意识到的事情

让我们来设想一下：你的朋友用信用卡在 ATM 机里取出了 100 万韩元，透支现金的年利率为 12%。当你询问他为什么要使用利率如此高的透支服务时，得知他竟是为了缴存这个月的定期存款，而存款利率仅有 2%。也就是说，他为了赚 2% 的存款利率，去借了利率高达 12% 的现金。世上怎么会有这样的傻瓜呢？

但是……确实有，而且还很多。我的身边就有很多通过透支高息现金进行低息存款的人，正在读此书的读者中应该也有不少这样的情况，其实就连曾经的我也是这样的傻瓜。

其实，大概没有人会做出从 ATM 机上透支现金后，原封不动地存入银行的傻事。而因为先强制存款后生活费不足，才不得不透支取现的事，却很常见。但是，如果根据致富公式了解自己的资产和负债后，情况就不一样了。

让我们来看一下财务状况表中列出的资产和负债吧。见表 2-3：大多数人的资产明细中都会有储蓄，而负债明细中会有银行贷款或信用卡结算额，而且有些人的信用卡还款额可能包括透支的现金金额和使用信用卡分期付款的金额。

表 2-3 个人财务状况表实例

资产明细		负债明细	
现金	×××	贷款	×××
活期存款	×××	信用卡透支额	×××
零存整取	×××	……	
全租保证金	×××		
汽车	×××	净资产额	
……			×××

在表 2-3 中，左边的资产是用右边的负债购买的。也许你认为，用利率 12% 的透支款买的是衣服，所以你并不是把这笔钱用作利率 2% 的定期存款。但是如果你是用存款里的钱买的衣服呢？虽

然没有了2%的存款利息，但也不需要支付12%的贷款利率了。可用信用卡透支买裙子的结果，却是你付了12%的利息，存了2%利率的存款。

你的资产清单上包含定期存款和活期存款，负债明细上包含信用卡分期付款或现金透支吗？如果有，那么你就是我们提到的那种用透支现金来存钱的人。

当我们理财的目标是资产而不是净资产，将目标定为"五年内攒1亿韩元"时，就会产生这样的问题。你下定决心，无论如何都要攒到目标金额，然后按照预定金额去储蓄，当生活费不够用时，你就会刷信用卡。现在你明白了吧？

没有对比就没有真相，在亲自记录与对比自己的财务状况前，很少有人能明白这些事实，我也是如此。我通过了会计师考试，进入了会计师事务所，开始了职场生活，很晚才入伍。

我在领取会计师考试合格证后，碰到A银行正在进行产品推广。看过我的会计师合格证后，他们立刻给我办理了信贷账户和信用卡。进入会计师事务所后，公司又给我办理了B银行的账户，因为公司的资金交易主要在B银行，所以工资也是通过B银行发放的。我的工资汇入B银行的账户，而刷卡消费是在A银行的信用卡上结算，连电话费和水电费等也都是用A银行的信用卡结算。而A银行的账户欠债，就从B银行的账户转账支付。

后来我入伍了，部队又让我办理了邮政储蓄的账户，用于发放津贴。与我在会计师事务所的工资相比，部队一个月的津贴大概和会计师事务所一个晚上的加班费差不多，但这笔钱我一分都不想花。因为我不想看到一个月辛苦付出换来的津贴瞬间消失，所以在我服役期间，部队津贴就一直存在邮政储蓄里。在军营小卖部的花费和休假时的花费还是用信用卡结算，这些费用就直接累积到 A 银行账户的还款金额上了。由于在部队里不能用网上银行，军营里也没有设置银行网点，这使得我在会计师事务所领取的工资仍留在 B 银行的账户上。

当上中士后，离我退伍的日子也越来越近了，我开始慢慢有了很多想买的东西。随着休假和外出的机会增多，我买了手机，把家里的旧电脑也换成了新的。因为当时还没有收入，所以一次性付款有些困难，但是一想到几个月后退伍了，重新入职就能拿到工资，于是我就用分期付款的方式支付了。当时我的财务状况表见表2-4，当然这并不是当时填写的。

表 2-4 退役时我的财务状况表

资产明细		负债明细	
B 银行工资账户	×××	A 银行信贷账户	×××
邮政储蓄津贴账户	×××	信用卡透支金额	×××

但是万万没有想到的是，我在军队服役的两年时间里，信贷账户的负债金额比工资账户里的金额多出很多。这相当于我为了偿还信用卡的刷卡消费，去透支了信贷账户的额度来存入了工资账户。在做傻事的时候，我也只是觉得等我重新进入会计师事务所工作，就不用再担心钱的问题了。

但几年后，我突然想到："好奇怪啊，我的薪水都去哪儿了？"

致富练习

记录资产与负债的利率

记录一下前面填写的资产和负债的利率。让我们比较一下资产的收益率和负债的利率。将资产收益率最低的五个项目填入下面的表格中,把负债按照利率从高到低的顺序排列也填入其中。

致富练习 4

资产			负债		
项目	收益率	金额	项目	利率	金额

让我们比较一下左右两边的项目,用低收益率的资产来偿还高利率的债务会怎么样?

第三章

致富公式 2：设定可量化的目标

◆ **每日记账真是太难了！**

学习"企业会计"的第二个公式是利润表（Income Statement）会计恒等式：收入 – 费用 = 利润。收入减去费用后就是利润，而净资产是随着利润的增加而增加。

例如，一个月的工资收入是 300 万韩元，其中 200 万韩元被花掉了，那么这个月的纯利润就是 100 万韩元。如果月初的净资产是 4,000 万韩元，到了月末净资产就增加了 100 万韩元，变成了 4,100 万韩元。这就是财务状况表和利润表的结构。

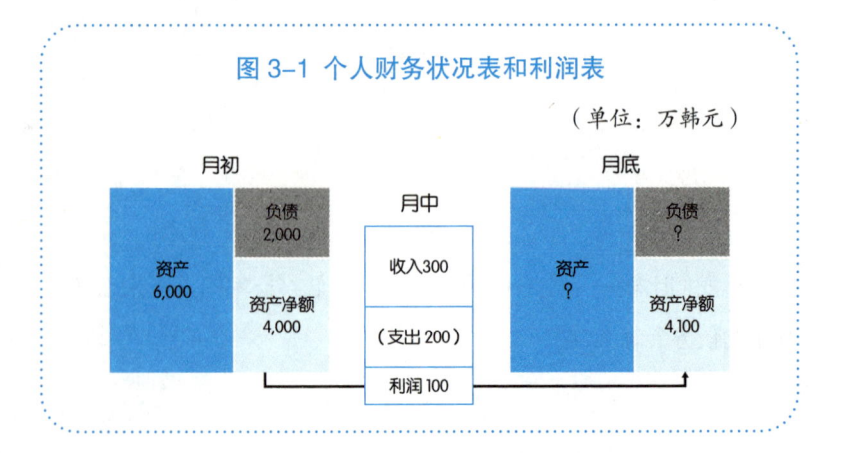

图 3-1 个人财务状况表和利润表

（单位：万韩元）

月初	月中	月底
资产 6,000 / 负债 2,000 / 资产净额 4,000	收入 300 / （支出 200） / 利润 100	资产 ? / 负债 ? / 资产净额 4,100

掌握了收入和费用，就可以求得该期间的利润，而将该利润加到上一次的净资产上，就可以知道增加的净资产金额。但是通过这种方式制作个人财务报表，并用它来检验理财目标会存在一个很大的问题——每天都要记录支出金额。

对按月拿工资的上班族来说，只需在发工资的那一天记录收入即可。但每天都会产生支出费用，很多理财书籍要求我们每天记账，可我不建议这样做。因为即便是我，也做不到每天坚持记账。

能够像写日记一样坚持每日记账，是一件很了不起的事情。我愿意为这种坚持不懈鼓掌，但是我绝不想效仿，我宁愿把那些记账的时间花在看书或是陪孩子玩耍上。

我也曾经试着记录过家庭收支，但是考虑到每天都要手写，效率太低了，所以我选择每个月整理一次信用卡的刷卡记录和银行账户的存取款明细。可是实际执行的时候才发现，哪怕是一个月整理一次，也并不是一件容易的事。

首先，我需要查询并下载每一张信用卡的交易明细，而每张信用卡的明细格式又不相同，还需统一其格式。而且，信用卡虽然是这个月使用的，但是还款在下个月，所以还要对照消费记录调整入账时间。如果本月的消费金额（从 1 日至 31 日）都在下个月还款，记账会比较方便，可是因为每张银行卡的还款日期不同，消费时间实际上也跟着有所不同，因此也需要调整入账时间。例如，从上个月 16 日到本月 15 日的消费金额在本月 25 日还款，则只能将本月 16 日至月末的消费金额作为负债保留。

即使统一了还款日，每张信用卡的银行出账日也有所不同。再加上用于红白事等的现金支出,最后真是为此平添了很多麻烦,明细还是记不清。

我每一个月至少需要花半天以上的时间才能完成利润表,由于仍存在无法查明的花费,消费金额与结算金额之间有差异等情况,于是,不少金额只能划归进"其他事项"的类别里。有时候忙起来甚至会间隔三四个月才整理一次。所以,记录全部费用绝对不是一件容易的事情。

◈ 每月只需确认一次余额

定期记录收支,对于掌握支出状况和进行计划性消费有很大帮助,但这就和假期时的作业——每天写一篇日记一样麻烦。

沃伦·巴菲特有一句名言:"模糊的正确远胜于精确的错误。"

作为会计师,我对数字十分敏感。如果发现数字对不上,就绝不会忽视这个问题。因此,每个月整理一次家庭收支账簿,是一件非常费神费力的事,所以我需要找到一种不用记录费用明细的替代方法。那我们该怎么做呢?

我们应该明白,我们的目标不是做好家庭收支账簿,而是变成富人。记录家庭收支只是手段,不是目的。把衡量富人的标准放在净资产上,检查净资产是否达成预期目标,才是记账的目的。

图 3-2 这个月的费用是多少？

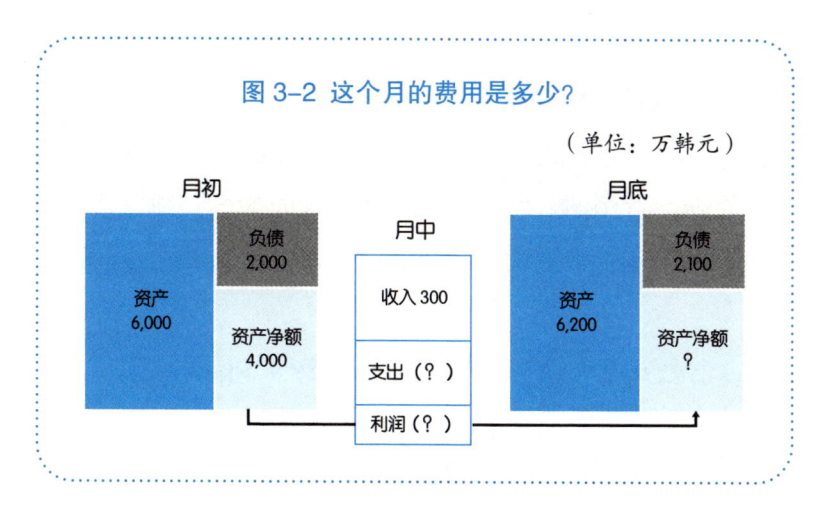

（单位：万韩元）

月初：资产 6,000；负债 2,000；资产净额 4,000

月中：收入 300；支出（？）；利润（？）

月底：资产 6,200；负债 2,100；资产净额 ？

我们假设如图 3-2 中所示，月末资产为 6,200 万韩元，负债为 2,100 万韩元，那么虽然不知道为什么资产和负债会增加，但月末的净资产为 4,100 万韩元（=6,200 万韩元 −2,100 万韩元）。因为上个月的净资产是 4,000 万韩元，所以这个月的利润就是 100 万韩元。

如果我这个月的工资收入是 300 万韩元，那么我一个月的开销是多少呢？

> 收入 300 万韩元 − 费用 = 利润 100 万韩元
> 费用 =200 万韩元

这样就能计算出这个月的全部花费是 200 万韩元，如此一来，每个月只需要确认一次资产和负债的余额就可以了。

整理全部支出明细需要大半天的时间，而确认资产和负债的余额很快就能完成。如果使用"Bank Salad"或"Toss"[1]等App，还可以一次性查询多个账户的余额和信用卡消费金额。

查询资产和负债的余额，然后计算得出净资产数值，再和上个月末的数值进行比较，就可以知道这个月我的净资产增加了多少。我的收入减去净资产增加值，就得出我这个月的支出额了。

◇ 致富公式2：净资产额 – 净资产额 = 利润

下面将介绍第二个致富公式：

> 净资产额 – 净资产额 = 利润

当然，我知道这在数学上是不成立的。正确的应该是写成下面这样：

> 当月净资产额 – 上月净资产额 = 当月利润

这样一来，你就可以求得这个月的利润，然后就可以得出这个月的支出金额了。

> 当月收入 – 当月利润 = 当月支出

---

1 "Bank Salad"或"Toss"：韩国常用的两个App，就像我们的"云闪付"App一样，很多网上银行账户都可以通过同一个App来查询。——译者注

致富练习

确认净资产额的增减

前面我们已经记录了当前的资产和负债情况，现在让我们来换一个时间节点，记录一下上个月末和上上个月末的资产和负债情况吧。

为了方便起见，表格中表述为当月末和上月末。如果你读这本书的时间是 8 月 11 日，那么 7 月末就是当月月底，6 月末就是上月月底。让我们先来记录下这两个月的资产和负债情况，然后看看 7 月底与 6 月底相比，净资产额是增加了还是减少了，两者间相差的金额是多少。最后把净资产额的差额从 7 月份的收入中减去，得出的就是你一个月的支出金额。

致富练习 5

资产		
项目	当月月底	上月月底

合计		
合计		

致富练习 6

负债		
项目	当月月底	上月月底
合计		

致富练习 7

资产净额		
项目	当月月底	上月月底
资产		
负债		
资产净额（资产－负债）		

致富练习 8

损益估算	
A. 当月月底净资产额	
B. 上月月底净资产额	
C. 净资产增加额（A－B）	
D. 当月所得	
E. 当月支出额（D－C）	

如果根据净资产的增减来确认支出金额，会是怎样的情况呢？能达到预期最好，如果与预期不同，必须马上查看支出明细。每个月记录详细的收支明细太麻烦，很容易让人半途而废，所以只是在有疑惑的时候再查看明细，就简单高效多了。我们此时要做的，就是查看一下刷卡金额、账户转账明细、现金使用金额等，并进行分类，确认是否存在没有想到的支出。

◇ 理财的基础是记录和检视

前文中我们就说过，会计学就像是通往财富路上的导航，指引我们成为富人，现在让我们再来回顾一下这个导航系统吧。导航的第一步是确认自己当前所处的位置，第二步是输入目的地，也就是设定可量化的目标。制定好未来的净资产目标后，确认现在的净资产数值，然后每个月检查一次，看看我们是否在顺利地沿着自己制定的发展方向前进，这就是理财的基础。

可是人们常常连这个都没有做好，就提出了如下问题："我该买什么标的？我要投资什么？"

这就好比是既没有明确目的地，也不知道现在所处的位置，握着方向盘问："左转还是直行，或是右转？走哪条路更快？"

有多少人是通过买了一份好的金融产品或投资了一个好的项目而成为富人的呢？大多数的富人都目标明确，而且清楚地知道自己所有的财富。

或许有些人会因为财富增长的速度太快，可能会说"我也不知道我有多少财富"，但在现实生活中，这并不是我们所能达到的境界。反而时常碰到的是，因为一时幸运一夜暴富，结果却因不懂得理财而失去财富。

财务理得好，首先要学会记录和检视。被誉为现代管理学之父的彼得·德鲁克有句名言："无法检视就无法管理，没有管理，何来改进？"

不仅是企业，个人也是如此。如果你不检视你的财务状况，也就无法管理它，如果无法管理它，就无法改善它。

◈ "十年内拥有自己的房子"不是目标

我们已经学会了如何通过记录净资产额，来确定自己当前的财务状况。通过每月一次定期记录这些信息，来检查和管理自己净资产的变化，相当于确认自己所处的位置。那么接下来就是设定目的地了，你是否已经确立了自己未来的目标净资产额呢？

确立理财的目标，就需要设定具体的金额，像"十年内拥有自己的房子"这样笼统地设定目标是不可取的。你的目标是价值多少钱的房子呢？很多人盲目地以拥有自己的房子为目标，却连首尔市内一套房子的市价是多少、要多少钱才能买下来都不清楚。

你想住在哪里？你想买一套什么样的房子？是高层还是别墅？现在的楼市行情如何？购房资金打算如何筹集？你是想全款购买，还是选择贷款买房？你自己需要出多少钱？

我上初中的时候，有一次放假，父母把我送到了首尔。他们拜托住在首尔的亲戚带我去参观了大学。父母想让我亲眼看看自己想考的大学，然后树立目标。参观了大学校园，我的目标就更加明确了。

设定理财目标也是如此。如果你去参加前辈的乔迁宴或是受邀去上司家做客，你肯定会不禁好奇："住在这样的房子里，需要有多少钱呢？"那就让我们来确认一下吧。在网上搜索房地产信息，很容易就能了解楼市行情。不仅如此，还可以查询到贷款额度和利率。

可以分阶段设定目标，如表 3-1 所示，像国家的经济发展计划一样，以五年为单位制订计划。不管怎样，只要目标是一个具体的数字就可以。

表 3-1 目标期限设定示例

阶段	时间	净资产额目标
长期	20年	10亿韩元
中期	10年	5亿韩元
短期	5年	2亿韩元

致富练习

比较净资产额目标和实际净资产额

既然设定了未来的净资产额目标,那么让我们比较一下最近的目标和当前的净资产额,把这个差额按月分配,就可以得出每月净资产额的增加目标。

致富练习 9

阶段	预期	计入
A. 净资产额目标	100,000,000	
B. 当前净资产额	60,000,000	
C. 目标净资产增加额(A−B)	40,000,000	
D. 时间期限	60个月	
E. 单月目标净资产增加额(C÷D)	666,667	

从现在开始,每个月记录一次资产和负债,以求得净资产,然后与目标金额进行比较并记录下差额,利用 Excel 以下表的方式记录即可。

致富练习 10

阶段	××年1月	××年2月	××年3月	××年4月	××年5月
资产	60,000,000	60,120,000	60,560,000	60,720,000	60,620,000
负债	20,000,000	19,600,000	19,100,000	18,600,000	18,000,000
净资产额	40,000,000	40,520,000	41,460,000	42,120,000	42,620,000
目标	40,000,000	40,666,667	41,333,333	42,000,000	42,666,667
差额	0	(－) 146,667	(＋) 126,667	(＋) 120,000	(－) 46,667

◇ **理财也需要"Plan-Do-See"**

企业管理的基本流程是：计划（Plan）——执行（Do）——检查结果（See）。你的理财计划也需要"Plan-Do-See"：制定净资产目标后（Plan），保持每月记录（Do），再检查结果（See）。

我们每个月都要检查一次，看看我们的资产是否如当初设定的目标一样顺利增长。

如果实际净资产额比目标净资产额多，那么可以稍微游刃有余一些，小小奢侈一下。反之，则需要检查支出，找出可以缩减的部分，然后"勒紧裤腰带"生活。但是如果这样还是没能缩小与目标数额之间的差距，那么就必须寻找替代方案了。要么修改目标，要么计划一下如何在工资之外增加其他的收入。

如图 3-3 所示，这是我过去实际使用过的计划走向图。

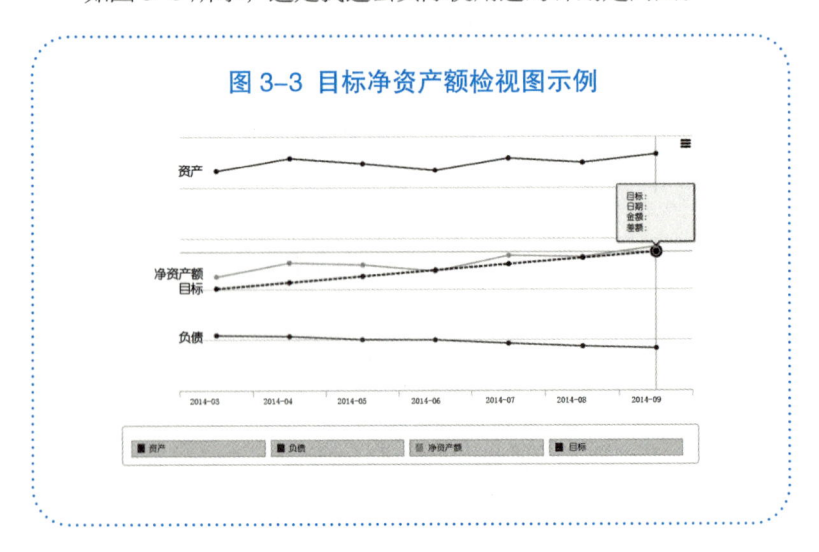

图 3-3 目标净资产额检视图示例

我的目标是获得一定数额以上的房产租赁收入。定下了这个"每个月只要有这笔租金入账，我就不用担心生计"的目标之后，我登录了房产租赁的相关网站。我找到了以目前的保证金和月租[1]就能满足我需求的商铺和建筑物，确认了交易价格，然后还查询了抵押贷款额度和利率。因为贷款要支付利息，所以我重新寻找到了"月租－贷款利息"可以达到我预期的楼盘，然后用"交易价格－保证金－抵押贷款"求出净投资额，并将该金额设定为我的净资产目标金额。

然后在每个月的月末确认一次净资产额，如果超过了目标数额，生活可以稍微宽裕一些。如果低于目标线，还要检查支出明细找出原因，并制定相应的对策。

夫妻共同理财的优势

如果你有配偶，我建议你们一起读这本书。读完后希望你们能讨论一下，虽然可能一不小心就会演变为吵架，但夫妻一起设定理财目标并互相监督是必要的。在夫妻财产合并管理的情况下，有必要制定共同的目标，并且需要每个月一起清点一次。如果是各自管理自己的财产，也建议你们共享各自的目标，并且一起定期清点。

夫妻的共同目标是什么呢？为了确定这个目标，首先我要问你们一个问题："十年或二十年后，你们想过上什么样的生活？"

如果你们还没有孩子，那么制订生育计划可能会成为家庭首要

---

[1] 保证金和月租：在韩国，月租房除了每个月要缴纳固定的房租之外，还要负担租房保证金。

任务，家里的人口数量会影响生活的方方面面。如果是新婚夫妇或是即将结婚的情侣，建议你们去读一读朴尚勋和金义秀写的《不愁钱的新婚夫妇》。虽然已经出版很久了，但是这本书融入了两位作者"十年后的愿景比攒十亿更重要"的主张。如果夫妻俩一起读，将有助于减少因钱而产生的争执。

如果你们已经绘制出了理想生活的蓝图，那么就来计算一下实现这一目标所需要的净资产额吧。用净资产的目标额减去当前的净资产额，再除以所需的时间，就可以得出每个月净资产增加的目标金额。如果是收入大致固定的工薪阶层，可以从预期收入中减去目标净资产的增加金额，来计算出每个月的可支配金额。不管怎样，每个月都要用这些钱来生活，未来才能过上夫妻双方都想要的生活。

但也可能会出现不好的情况。比如夫妻俩的理想生活需要每个月增加 1,000 万韩元的净资产，而夫妻俩总收入才 500 万韩元（约人民币 2.5 万元）。这种情况下，理想的生活目标将永远无法实现。但必须接受现实，修改目标（金额或期限），或者寻找能获得额外收入的方法。如若随心所欲地花钱，那么成为富人是很困难的。如果你还有更大的目标，就必须削减更多的开支，别无他法。

爱因斯坦曾说："疯狂就是一再重复相同的事情，却期望得到不同的结果。"

减少支出确实不是件容易的事，看到孩子吃饼干的样子，就会想："孩子的饼干能花多少钱，这怎么能省呢？"看到孩子要买玩具，就会想："又不是追求奢侈的生活，怎么就连买一个玩具也要看别人眼色呢？"看到别人都有好几个名牌包了，又会想："我至少也该有一个吧，这样生活才有意义。"消费让人们感到幸福，相反，削减支出，就会让人产生不开心的感觉，市场营销和广告也正在利用这种心理，驱使着我们去消费。

如果配偶提出要减少开销，听起来就像是在指责自己浪费一样。如果对方说要记录家庭收支，就会想对方可能是想监视自己。这样想下去，就说不出什么好听的话来了："你能挣多少钱，还需要记账？"

有句话说得好，"爱不是相互凝视，而是一起望向同一个方向"。夫妻之间谈论财务状况，也要如此。不要去谈论彼此的收入和花费，而是一同绘制未来的蓝图。要确定十年后的目标，并就如何达到这个目标而进行深刻的讨论。为了共同的目标，彼此可能都要有所付出和牺牲，所以，我们要相互感谢和支持。

在钱财方面，我特别感谢我的妻子。尤其是刚结婚的那段时间，妻子对我的理解和包容，让我一辈子都铭记于心。我和妻子结婚时没有购置婚房，新婚生活是在我婚前租的 13 坪[1] 的公寓里度过的。虽然租房合同上写的房屋面积是 13 坪，但实际使用面积也就只有 11 坪左右。因为房子太小，除了双方父母，根本坐不下其他人了，连朋友聚会都办不了。

我的收入还算不错，做着高薪的会计师工作。妻子的工作也不错，如果我们愿意，是能购买一套不错的房子的。在首尔，像我们这样住在和自己年薪不匹配的出租房里的情况，是不常见的。我们当然可以住进和年薪匹配的房子，但是我们在那个保证金比年薪还

---

[1] 坪：源于日本传统计量系统尺贯法的面积单位，主要用于计算房屋、建筑用地之面积，1 坪合 3.3057 平方米。——译者注

少的小房子里又多住了三年。

正是因为我们坚持新婚后还生活在小房子，净资产才得以迅速增加。原本该是最甜蜜的新婚期，我们却过得"苦哈哈"，但反过来想，这是最甜蜜的时期，我们才顺利地挺过来。也正因为我俩的节俭，如今一家四口才能生活得比较富足。

苦尽甘来，尝尽苦楚才知道甘甜！

在那之后，我们一般情况下都能克制住自己，不过度消费，因为我们有了目标。我知道坚持下去，未来将会变成怎样。每个月省下 2 万韩元（约人民币 100 元）的话，未来就能拥有 1,000 万韩元。2 万韩元？虽然有很多人认为："省吃俭用节约出这点儿钱，能有多少帮助？"但只要坚持节俭地生活，想法就会慢慢改变的。

这些内容在 2017 年我投稿的《每日经济新闻》专栏中刊登过：

给侄子的千万韩元礼物，对我意义重大

今年春节，我教十九个月大的儿子行拜年大礼，因为在文化中心学过"前滚翻"，他将两者混淆了，脚后跟直接翻起砸向了奶奶。但因为他太可爱了，还是收到了一笔可观的压岁钱。我将这笔钱存入了儿子名下的账户，而侄子们的压岁钱要从我的账户里支出，也不知道这些钱将去向何方。

如果不是每次和侄子们见面时给点"零花钱"，而是一次性给他们 1,000 万韩元作为礼物，会怎么样呢？现在

大学的学费平均在650万韩元（约人民币3.5万元）左右，等到侄子们上大学的时候估计得1,000万韩元左右了。如果在侄子们上大学的时候，拿出1,000万韩元给他们交学费，或者是在放假的时候，送他们去一次价值1,000万韩元的海外旅行，对侄子们来说，我能不能称得上是最好的叔叔呢？

如果这样，在侄子们从出生到上大学的二十年里，我每个月要攒多少钱才能存到1,000万韩元呢？单纯算一算，一年要攒50万韩元，每个月需要攒近5万韩元。我有四个侄子，如果按每个人5万韩元计算，那么每个月需要攒20万韩元（约人民币1,000元），这可是个不小的数目啊！要不然我还是做一个一年两次过节时给点儿压岁钱的"还不错的叔叔"吧。

但是我们不妨试试通过投资来施展"复利效应"吧，不要去期待只有1%左右的银行利率，还是通过股票投资，以公司债券的收益率为目标吧。现在被分类为投资等级"BBB-"的公司债券收益率为8%。如果每个月投入4万韩元（约人民币200元），年收益持续保持8%，二十年后大概是2,290万韩元（约人民币12万元）。这将会远远超过1,000万韩元的目标。即使每个月只投资2万韩元，也会有1,145万韩元（约人民币6万元）。就算是收益率降至每年7%，也能有1,020万韩元。

如果在侄子上大学时，我要成为一个可以给1,000万韩元的帅气叔叔，而每个月只需要拿出2万韩元用来投资，是不是值得尝试一下？当然，每个月2万韩元也不是小钱，而年化7%的收益率也绝非一个很容易实现的收益率。但是从现实的角度来看，我认为可以尝试一下。

根据我的经验，这种方式的投资除了能使我成为侄子们眼中最酷的叔叔之外，还有一个优点，那就是看待企业和股票的视角发生了变化。反正是要花二十年的时间投资，就会把目光放得更长远，从而更加关注企业的长期发展。以每个月2万韩元的投资资金来看，即使是经历短期暴涨，收益也不会有很大幅度的增加。相比之下，反而会更关注那些企业价值持续上升的投资项目，寻找那些可以准确预测市场变化和产业成长方向始终都很有潜力的企业。

要实现这些目标，就必须通过企业的财务报告来确认其业务经营模式，并通过财务报表分析其财务结构。因为我们要做的是思考和学习如何进行真正的投资，而不是投机。再与你现在持有的其他账户进行长期收益率的对比，还可以借机验证哪种类型的投资能给你带来更大的收益。由此也可以确定，短期的动量投资和长期的价值投资相比，哪一种类型更适合你自己。在努力做一个帅气叔叔的同时，我建议你也借机挑战一下，成为一个明智的投资者。

第四章

正确看待资产和负债

◆ 我最有价值的资产是什么？

你所拥有的资产中，最有价值的两项是什么呢？让我们来回顾一下你在"致富练习1"中写下的内容吧。在授课过程中，我每每问到这个问题，大多数人会回答："房子和车子！"

我觉得，正是它们使我们的生活变得艰辛。因为我们把房子和车子当作资产，所以经济上没有富余，财务上无法自由。也许你还不明白这是什么意思，那么从现在开始，你可以逐个去思考、判断，来区分一下真资产和假资产吧。

首先要明确："资产"的定义是什么？

会计理论将"资产"定义为：由企业过去的交易或事项形成的、由企业拥有或者控制的、预期会给企业带来经济利益的资源。（《国际财务报告准则》）

这个定义看起来很难理解，那么让我们分开来解析一下吧。首先，要有能获得资产的"过去的交易或事项"，不管是花钱买的还是路上捡到的，在这个过去的事项发生之后才让我有了能够"控制"的结果。如果汽车是我的资产，那么我在购买汽车后获得其所有权和控制权，便可以随心所欲地驾驶它。其次，资产还必须得是经济"资源"，"会给企业带来经济利益"，简单地说，就是它具备将来可以赚钱的可能。

资产作为专业名词解释起来很困难，但可以简单定义为，我拥有的东西中将来可能成为钱的东西。让我们先来看看存在银行里的存款吧，存款是我过去存在银行的结果，随时可以取出来用，所以我对存款是有控制权的。而且只要我向银行索取，它就会变成钱，那么存款就是经济资源，也就相当于是我的资产。

那么汽车呢？

◇ 真资产 VS 假资产

为了确定汽车到底算不算资产，让我们先来看看前面提到过的"经济资源"吧。"经济资源"意味着今后有变现的可能性，如果把将来变现的意义扩大化，那就意味着我拥有了这些资产，未来我的收入应该增加。在致富公式中，这是一个非常重要的概念，我再次强调一下：**如果是真资产，未来的收入就会因为拥有它而增加！**

而假资产不仅会耗费金钱，也无法在未来增加收入。相反，如果拥有真资产，未来的收入就会增加。从这个角度来看，汽车是真资产吗？我有一辆汽车，未来它会给我增加什么收入呢？如果你的职业是出租车司机或者货车司机，那么汽车就可以成为你的真资产，因为这辆车能帮你赚钱，但如果你是普通上班族呢？

从你买车的那一刻起，是收入会增加还是支出会增加呢？十之八九是支出会增加吧。虽然不知道在地铁、公交车、出租车等交通工具上的花费会减少多少，但是自驾会产生油费、保险费、税费等日常费用和折旧费用，仔细算一下的话，这可是一笔不小的开销啊。

如果是真资产，投入越多回报越大。你存的钱越多，得到的利息就越多。但是汽车呢？越贵的车，维护保养的费用就越高。因此，投入了更多金钱，反而使得未来的收入减少了，汽车还能算作资产吗？

企业里将汽车记录为资产，是因为可以用它来赚钱，使用车辆配送货物，可以减少物流成本，增加利润，因此可以算作资产。但对个人来说呢？有的人会认为，为了给身为富人的客户留下成功人士的印象，提高对方的信任感，是有必要开豪车的。如果是这样，建议购买豪车后，看看你的收入增加了多少，是不是能超过豪车日常使用的折旧及维护保养的费用呢？

或许有的人会这样问："把车卖了就变成钱了，还不能算作资产吗？"

没错，卖了车，收回钱，这车就是资产。但是我想反问一句："我们什么时候卖车呢？"

是在买更贵的车的时候。往往卖掉旧车之后，再买新车产生的花费比卖旧车的所得要多很多，有多少人会去换一辆更便宜的车呢？我的资产清单上没有记载汽车，因为从一开始我就没有把汽车当成资产。我的汽车是九年前购买的二手车，因为买的时候车龄已有三年，算起来出厂也有十二年了，行驶里程也超过了十二万公里。即使对车不太了解的妻子都曾经这样问我："都说男人喜欢车，你不想换车吗？"

我怎么可能会不想要一辆豪车呢？不久前，我的第二个孩子出生了，变成一家四口之后，由于各种原因，尤其是出于安全的考虑，我们真是需要换一辆车了，所以我计划近期换车。虽然我多年没有换车，但也有所收获。

到目前为止，这辆使用了近十年的二手车，让我得到了一套房子。

本来我就打算买辆二手车，入手的车又只使用了三年，所以我盘算着五年后再换车，于是我为这个计划另攒了一笔钱。我开了一个专门用于以后买车的股票账户，然后开始投资。我计划投资五年左右，然后根据投资成果来决定换车的档次，如果收益好就买辆高级的进口车，如果不好就买辆韩国产的二手车。

但是在第三年的时候，我接到了一个企业分析的工作委托："这家公司怎么样，您能帮我分析下它的财务报表吗？"

一位听过我讲课的证券公司职员，正在考虑投资一家非上市公司，希望我能帮忙审阅下该公司的财务报表，看看是否有不妥的地方。之前偶尔也收到过这样的委托，但因为我没有时间而婉拒了，这次正好有空，就接受了委托。

在审阅财务报表的过程中，我对这家公司也产生了兴趣。虽然财务报表显示了该公司存在一些风险因素，但其对此风险的解释和对策令人信服。接着我与委托人就投资的理由以及对哪些方面有期待进行了询问，便认为此公司前景可观，于是就小心翼翼地询问了委托人，我是否也可以参与投资这家公司。

"如果会计师您想投资，我会给您介绍的。"

显然，这个投资有风险。对非上市公司来说，如果不能上市，很难收回资金，而且上市需要的时长也很难预测。情况好能大赚一笔，情况不好就可能血本无归了。思来想去，我询问了妻子的意见："有一家值得投资的非上市公司，要不要试一试？"

妻子歪着头反问道："风险不是很大吗？"

"风险挺大的，如果不能上市，一旦倒闭可能血本无归。"

"那不行，别投了，为什么要投资这样的公司呢？"

"不过，如果公司运营情况良好，可能会大赚一笔。我们不是有一笔钱准备换车吗，就用那笔钱投资怎么样？我们现在的车也不是非换不可，还可以继续使用。如果这次投资失败了，就当是买了新车后出了事故报废了，虽然车子报废了，但是我们都毫发无损，是不幸中的万幸了吧？但是如果投资成功了，就可以换一辆更好的汽车了。"

就这样，在征得妻子同意后我开始了投资。我一直没有换车，十年来用这种方式进行了三次投资。一次几乎全军覆没了；一次还没有取得什么成果；另外一次虽然还没有上市，在股市以外的市场上却有着相当不错的发展势头，如果卖掉股份，可以在乡下买一栋小楼了。继续使用了五年二手车，却拥有了一栋小房子，当然这都归功于其中一次投资的大幅提升，但是如果我在第五年换了车，那辆车现在也会变成半价的二手车。和现在相比，即使当初换了车，我的人生也不会有太大的改变，但这对我来说，却是把假资产变成真资产的宝贵经验。

如果我在使用二手车第五年的时候，用换车的钱投资了现代或者起亚汽车的股票会怎么样呢？也就是说，我不购买现代汽车生产的汽车，而是购买了该公司的股票。事实上，现代汽车和起亚汽车

最近几年的股价走势并不乐观。如果按原计划换了车,那时间应该是在 2015 年年初,对比当时和现在的股价,见表 4-1:

表 4-1 现代、起亚汽车的股价涨跌率(2015~2019)

(单位:韩元,%)

项目	现代汽车	起亚汽车
2015年1月2日股价	169,000	52,300
2019年8月13日股价	129,000	43,750
涨跌率	-23.7	-16.3

以我现在写作的时间为准,就在上周,股市暴跌,被称为"黑色星期一"。KOSDAQ(科斯达克,韩国证券交易所)在短短一天之内下跌了 7.49%,韩国综合股价指数上周也曾跌破 1,900 点。投资股票代替了买汽车,等了近五年,结果却是下跌 20%。即使如此,比起买车,我更愿意选择投资股票。

使用了五年的二手车价格下降 50% 不是很正常的事情吗?如果你能练就良好的投资能力,就能获得数量可观的回报。作为参考,我可以用事实来证明,在那段时间内,我的投资收益率即使受到了暴跌的影响,也超过了 100%。也就是说,本金翻了一番。

◆ **房子是资产吗?**

还有一个更让人不知所措的问题:既然车子不是资产,那房子是资产吗?让我们用前面适用的标准来判断一下房子吧。买了房子以后，未来是收入会增加还是支出会增加呢？摆脱年租或是月租，买了自己的房子后，感觉像是实现了自己最大的梦想。很多人都把理财的目标定为"有房、有车、有10亿韩元"，也是这个原因。

当然，买了房子后自然省下了之前负担的月租或租房贷款利息。如果能减少开支，那肯定算是资产。但是买车也让我们减少了搭乘公共交通的费用啊，可是如果增加的日常维护费用大于减少了的支出，那就不算是资产了。

既然提到了买车，我们就再来说说车子吧。买车后，节省的交通费可能会大于汽车维护费用，但是如果考虑到车辆的折旧费，那么购买后所需的费用通常更多。当然，如果上下班时间缩短了，也需要考虑节省时间是否产生效益。那么，让我们来看看你在这节约出来的时间里都做了些什么吧。

缩短了通勤时间，你的收入增加了吗？

省下来的那些时间，真的赚到钱了吗？你用那段时间从事副业增加收入了吗？至于实际净资产增速是否加快了，查看一下你此前记录的几个表格便可知晓了。比较一下购车前后净资产的增减，如果买车以后真的加快了净资产的增长，那么汽车就算是资产。当然，为了确认这一点，你需要每月记录一次财务状况。因为如果不能进行检视，就无法进行管理。

但事实上，自驾上班并不能节省多少时间。如果是在首尔上班，搭乘公共交通反而更为便捷。就算开车上班更快，但你只能专心开车，关注路况的时候，也不便分神做其他事。但如果是乘坐公共交通，就可以利用这段时间自我投资，比如看看书或是听听音频课程。除非是去深山里的研修院讲课，否则我的出行全都乘坐公共交通。

让我们重新回到房子的话题上吧。买房无疑会减少租金，但是有了自己的房子，也会产生一些隐形的费用。如果我们租住别人的房子，对家居环境就没那么多讲究，但如果是自己的房子，在装修和生活设施上绝不会马虎，会购买质量较好的壁纸和地板，会购买更大的冰箱、更高级的家具，总之，怎么装饰都不觉得过分。计算一下，买了房子，现金流水并没有得到想象中那么大的改善。和买房花的钱相比，回报率并不高。当然，生活质量得到了改善，心有所归，有安全感了，这也是房子给我们带来的不可忽视的优势。

即便如此，房子也算不得是好资产。

以租赁为目的的收益型房产和以居住为目的的房产，是两种截然不同的资产。如果买房用于出租，那这是一笔好资产。因为从现在开始，随着租赁收入的增加，你的收入也会增加。购买价格越高，可获得的租金收入也就越多。

但是购房用于自住，收入会增加吗？买的房子越贵，收入会越多吗？恐怕不是这样的。买的房子越贵，税金和维护费等支出就会越多。以租赁为目的的房产确实是好资产，但以居住为目的的房产就不是好资产。我们一定要区分"房地产投资"和"自住型住房"两者间的不同。

房价必然会上涨，从长远来看，所有资产的价格都必然会上涨。经历过房价暴涨的老一辈人会对子女们说："赚钱先买房。"可是我住的房子升值了，我就能成为富人吗？房价上涨并不意味着收入会马上增加。

即便如此，如果把房子卖掉，赚到房价上涨后的差价，是不是就一夜暴富了呢？你还记得我们前面探讨过汽车的问题吗？——"我们什么时候卖房子呢？"

卖车的时候，往往是我们想买更贵的车的时候。那房子呢？同样的，大多数人卖房子是为了搬到更大更好的房子里。而房子真正变成钱的时候，是房主离开人世的时候。这笔钱不是自己的，而是孩子们的。同样的道理，现在出现在我财务报表上作为资产的房子，不应该是我的房子，而应该是我父母的房子才对。

致富练习

区分我的真正的资产

把你在"致富练习1"中记录为资产的项目转录到下表中。让我们区分一下真正能赚钱的真资产和不太可能赚钱的假资产。看看真正的资产有多少?

致富练习 11

资产		
项目	金额	真资产

合计		

顺便说一句,如果是真资产,收益率应该大于零。翻开"致富练习4"查看一下你记录的结果。看看你记下的五种资产的收益率是多少,如果没有大于零的收益率,那还算是真资产吗?

💎 负债真的是坏事吗？

如果有人说自己"负债很多"，你对他会是什么印象呢？不是很好，对吧？对我们来说，"负债"这个词带有很强的负面色彩。出于好奇，我在网上书店搜索了"债"这个词——用"负债"进行搜索，结果出现了"红扇子蓝扇子"或"制作扇子"等结果[1]，所以我更换了搜索词——并找到了以下图书。

- 《我为债务发愁》
- 《忽然有一天负债 400 亿韩元的男人》
- 《再见，债务》
- 《整理债务的技巧》
- 《切实减少债务的 63 种方法》

总的来说，负债看起来似乎是件很糟糕的事，需要尽快消除，但我的确有很多负债。再来说说我新婚的故事吧，蜜月旅行结束后，妻子小心翼翼地问我："能不能把存折交给我？"

这是因为周围的大多数人都认为"结婚后，女人管钱才能过上好日子"。但是因为我的职业是会计，妻子觉得我更擅长管理财务，所以才会这么谨慎地问我。虽然也有"和尚不能给自己剃头"的说法，但由于我性格懒惰，从一开始就不想每天写家庭账簿并进

---

1 韩语中"负债"和"扇子"是同一个单词。——译者注

行管理，所以欣然将存折交给了妻子。

确认存折余额后，妻子吓了一大跳，当时存折上写着 7,900 万韩元（约人民币 40 万元），差一点就到 8,000 万韩元了。可问题是，这是一个负数。

就像前面说到的那样，会计师考试一合格，银行就给我开了个额度为 3,000 万韩元的透支存折[1]。在会计师事务所工作了几年后，随着年薪的上涨，我又在其他银行追加开设了额度为 5,000 万韩元（约人民币 25 万元）的透支存折。就这样，在透支额度差不多有 8,000 万韩元的情况下，在没有父母资助的情况下，我结婚了，婚礼和新婚旅行也让我花光了所有的信用卡额度。妻子提出要管理家庭财务时，我没有理由拒绝，但看过存折后，妻子惊慌失措，改口道："等还完了欠款，我再来管理财务吧。"

抱歉，妻子将永远也拿不到我的存折了。不是我不想给，而是因为透支存折上的负数是不可能变成正数的。我现在的债务比当时还多，已经是以亿为计数单位了。因为股价暴跌，我还咨询了信用贷款并在我的信用限度内贷了款。如果股价进一步下跌，我还计划再用土地抵押进行贷款。

我从来都没有打算还清债务。

都说要停掉所有的信用卡，把自己的债务都还清才能变成富人，可我为什么从不打算还债呢？因为我的情况有些特殊。事实上，每个人的情况都是不一样的。我们在"致富练习 4"中比较了资产的收益率和负债的利率。

---

[1] 透支存折：韩国特有的透支存折，存折显示的余额，表示的是已经使用了的额度，也可以理解成是向银行开户贷的款。——译者注

如果有资产的收益率低于所持债务的利率，则可以通过两者相抵来减少利息。也就是说，在贷款的利率为 5%，存款的利率为 2% 的情况下，应该先还贷款。

但如果情况相反呢？如果资产的收益率高于负债的利率呢？如果贷款利率是 5%，而存款的利率是 10%，将贷来的款项存起来，什么都不用做就能赚到本金 5% 的利息，当然能贷多少就贷多少，我的情况就是如此。

我的负债中利率最高的也不过 3% 出头。而资产方面，单就股票投资一项，年化收益率已超过 20%，所以我没有理由不进行贷款投资。"这笔负债能赚 20% 以上，何必要提前偿还？"我多次强调要自己亲自制作工作簿，也是这个原因。

资产所包含的项目是因人而异的，而最了解实情并可以做出恰当评估的也是自己。通过比较资产的收益率和负债的利率，有的人应该先还债，但有的人应该多欠债才对。所以要自己记录，自己判断，自己制定对策，从而完成自己的致富公式。

◇ 良性负债越多越好

在给投资股票的人们讲授财务报表时，偶尔会被问到这样的问题："一个公司的哪类资产多，才算得上是好公司呢？"

哪类资产多才是好公司呢？现金？设备？还是专利之类的无形资产？我的答案是："没有那种资产。"

我们往往认为现金等安全资产多的公司就是好公司。但是，现金真的是好资产吗？从安全的角度来说，现金或者存款确实是稳定的资产。当整个经济或个别企业出现暂时性的危机时，现金充足的公司就能坚持下去。其他资产在经济危机来临时可能会贬值，而现金除了通货膨胀之外，贬值风险较小。很明显，从稳定性来看，现金确实是不错的资产。

但是它的收益性如何呢？持有现金就能盈利吗？就微不足道的存款利率而言，现金并不是好资产。对投资者来说，稳定性只是防御的安全装置，而对股市来说，盈利性和增长性更重要。但是现金既不具备盈利性，也不具备增长性。

那么无形资产呢？虽然看不见，但是公司通过数十年积累起来的品牌价值，或是经过长时间的研究获得的专利权等，拥有这些无形资产不是很好吗？当然，有很多这样的资产肯定没有坏处，但遗憾的是，在财务报表中，无形资产不是作为"资产价值"记录的，而是作为"成本"记录的。也就是我们在第二章中介绍过的，计量金额的三种方法中，无形资产是历史成本，而不是公允价值。这就意味着，品牌或专利的实际价值高，并不代表它会以较高的价值数额被记录下来，相反，为了它所付出的高昂代价，会作为成本被记录下来。也就是说，花费了10亿韩元开发的价值100亿韩元（约人民币5,050万元）的专利，会被记录为10亿韩元成本，而花费了20亿韩元（约人民币1,010万元）开发的价值50亿韩元（约人民币2,525万元）的专利，会被记录为20亿韩元成本。因此，无形资产多，金额大，并不一定更好。

事实上，从投资者的角度来看，没有资产的公司才是最好的公司。用100亿韩元资产创造10亿韩元利润的公司，和用10亿韩元资产创造10亿韩元利润的公司，哪一个更好呢？不用投资资产也能获得同样的利润,当然是选择后者。

表 4-2 资产大小与资产收益率示例

区分	A	B
资产	100亿韩元	10亿韩元
利润	10亿韩元	10亿韩元
ROA（资产收益率）	10%	100%

因此,没有哪一种资产是越多越好的。如果有人继续追问:"可是,总归还是要有什么是越多越好的吧?"我会告诉他:"**越多越好的确是有,但不是资产,而是负债。**"

听到这句话,大多数人都感到不可思议。问的是什么资产多更好,我竟然认为负债多更好。可事实的确如此,只不过负债必须是好的负债,那么到底什么样的债务是越多越好的?

◆ 良性负债 VS 恶性负债

在企业财务报表中,按到期时间,将负债分为流动负债和非流动负债。简单地说,需要在一年内偿还的负债为流动负债,离到期超过一年的负债为非流动负债。而区分良性负债和恶性负债,并不是看偿还期限的长短,而是需要将负债分为有息负债和无息负债。

通常欠债是要付利息的,称为有息负债。无息负债,就是偿还欠债时不用支付利息。比如人们会在经常光顾的店里赊账。光顾常去的小店,结账时碰巧没有带现金,于是准备刷卡结算,老板却说："下次来的时候再结账吧。"这种情况下的欠账是不会计算每日利息的。企业在进行交易时大多会赊账，如果不计算利息，那么这笔欠债就是无息负债。

公司有很多无息负债是好事还是坏事呢？看起来有很多债务需要偿还，很容易被判断为经营状况不佳，但其实这是良性债务。所谓无息负债，简单地说就是不付一分钱利息就把别人的钱拿去用了。还有比这更好的事吗？

"朋友，我借钱给你，不收利息。"如果朋友对你这样说，你会怎么做呢？

即使借来的钱直接存入银行，也能得到免费的利息，大概没有比这更值得感谢的朋友了吧。做生意时经常说"该收的钱赶快收，该给的钱慢慢给"，也就是为了让你好好利用无息负债。

我对使用信用卡并不反感，虽然有些人说，如果想攒钱，就先停掉信用卡，但信用卡提供的基本上是无息负债，有延迟支出的效果。不过，我从不使用分期付款或者现金透支。

◇ 真正的富人擅长运用债务

我的母亲非常讨厌欠债，每次父亲深夜醉酒回家，她一定会这样问："你又赊账了吗？"

如果父亲是赊账喝的酒，她就会立刻去还钱，这样她才能安心睡觉。正是由于她讨厌欠债，所以没能成为富人。赊账是无息负债，但只要是负债，她都把它当作坏事来看待。所以我才说出了前面提到的她表示后悔的话："那时候就算借钱也应该买下澡堂前面那块地的……"

穷人极其不愿意负债（尽管即使负债也不会导致破产），而富人却善于利用债务。个人如何利用好无息债务呢？事实上，想凭借在小店赊账或者是刷信用卡成为富人是很难的。但是确实有一种广为人知的方法，那就是"差额投资"。全租制度[1]在全世界范围内只存在于韩国，房东把房子租出去后会收取全租保证金，租期到了后返还给租客。但是，由于到期返还保证金不需要支付利息，因此全租保证金就相当于是无息负债。差额投资就是积极利用了这一类型的投资方法。

如果购买了一套售价为 5 亿韩元的公寓，以 4 亿韩元（约人民币 200 万元）的价格按照全租方式出租，房东的投资金额就是 1 亿韩元。那么只需要投资该房价与全租保证金的差额（GAP），即投资 1 亿韩元就可以购买一套房产。在这种情况下，如果公寓价格上涨 20%，达到 6 亿韩元（约人民币 300 万元），除去 4 亿韩元的保证金，差额就是 2 亿韩元。公寓价格上涨了 20%，但是我投入的 1 亿韩元增值到了 2 亿韩元，也就是增加了 100%。这通常被称为"债务杠杆效应"。利用了租房保证金这笔债务，使得原本 20% 的收益率，增加为 5 倍的收益率，即达到 100% 的收益率（见图 4-1）。当然，如果房价下跌 20%，损失率也是 5 倍，即 100%。

---

[1] 全租制度：指租客按住宅价格的一部分比例（一般为房价的一半）金额抵押给房东，合同期结束后，房东返还抵押金，租客退房，并且合同期内，房东不收房租，租客不要利息的一种租赁方式。——译者注

图 4-1 债务杠杆作用示例

（单位：韩元）

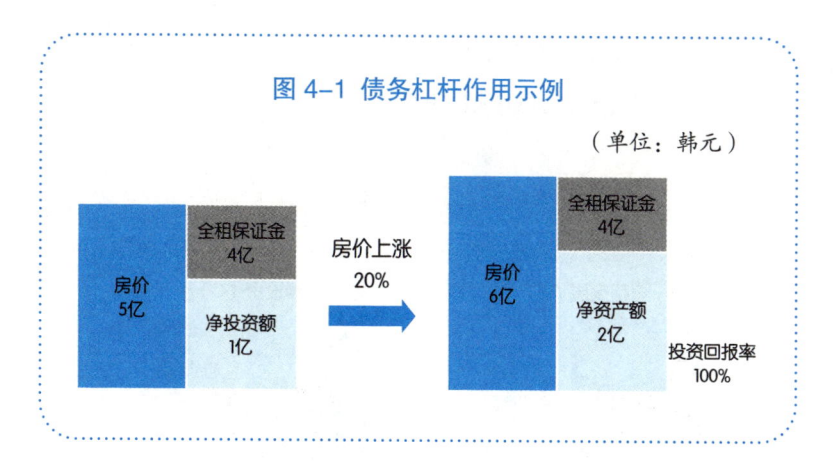

房价 5亿 / 全租保证金 4亿 / 净投资额 1亿

房价上涨 20%

房价 6亿 / 全租保证金 4亿 / 净资产额 2亿

投资回报率 100%

差额投资的模式中，房东与租客的财务状况表如图 4-2 所示：

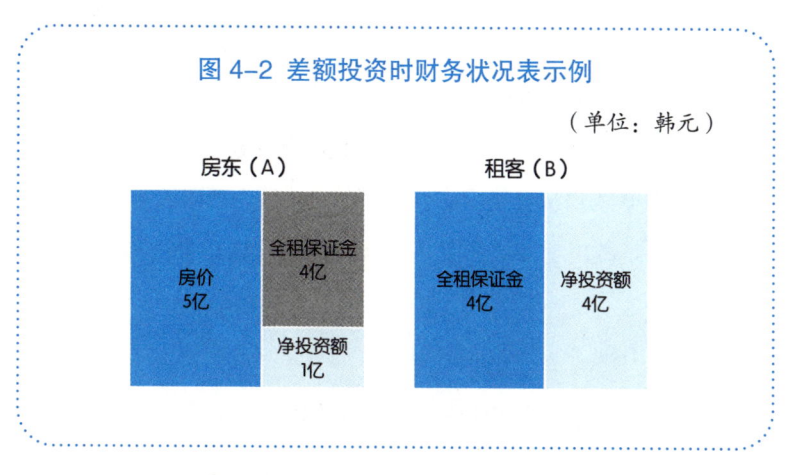

图 4-2 差额投资时财务状况表示例

（单位：韩元）

房东（A）：房价 5亿 / 全租保证金 4亿 / 净投资额 1亿

租客（B）：全租保证金 4亿 / 净投资额 4亿

单从这个情况来看，谁更有钱呢？与房东的净资产 1 亿韩元相比，租客的净资产达到了 4 亿韩元。而反过来解释的话，租客用 4 亿韩元租房，而房东只需付 1 亿韩元。相对的，房东必须承担房价波动的风险。但在通货膨胀常态化的经济体中，房价上涨的概率更大。考虑到这一点，对房东而言，比起房价下跌带来的风险，房价上涨得到收益的概率更高。如果租客将 4 亿韩元净资产用于差额投资，那么就可以获得与房东相同的 4 套公寓（见图 4-3）。

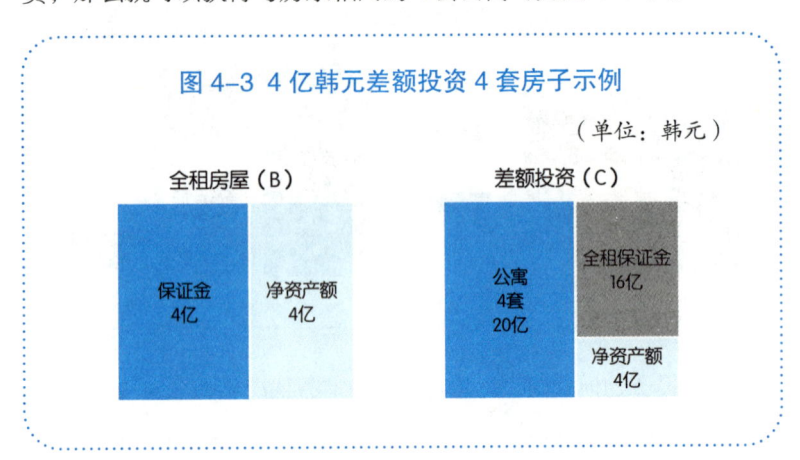

图 4-3 4 亿韩元差额投资 4 套房子示例

（单位：韩元）

全租房屋（B）
- 保证金 4亿
- 净资产额 4亿

差额投资（C）
- 公寓 4套 20亿
- 全租保证金 16亿
- 净资产额 4亿

当然，这并不是说一定要将全租保证金用来进行差额投资。只是富人往往会考虑 B 和 C 的情况，比较后做出适合自己的决定，而穷人只考虑 B 的情况罢了。在房地产价格上涨时期积聚财产一夜暴富的，大多是做出了和 C 一样的决策的人。所以说富人都善于利用债务。

◈ 偏重于房地产真的是一个问题吗？

韩国的家庭资产普遍偏重于房地产。与发达国家相比，韩国家庭资产在基金、股票、债券等金融资产上的投资比重较低，在房地产上的投资比重较高。但因为调查方法和对象的不同，可能存在偏差。因此很多人都指出，如果由于家庭资产未能实现有效配置，房地产市场一旦陷入停滞，大部分家庭将因此陷入困境。

我也是这么认为的,从风险管理的角度来说,分散投资各种资产才是可取的,不应该一味地依赖房地产。那么偏重房地产的原因是什么?虽说偏重房地产存在问题,但是我们身边接触最多的富人大都是通过房地产发家致富的。事实上很多人因为集中投资房地产,才取得了更好的收益。

"与发达国家相比,家庭投资偏重房地产存在问题"的看法忽视了一个问题,正如我们前面所说,韩国是全世界唯一存在全租制度的国家,因为无息负债的原因,在韩国投资房地产时,完全可以利用全租保证金这一良性负债。因此,不能单纯地与外国进行资产比重方面的比较,善于利用良性负债的韩国房地产投资者才是明智的。如果可以利用无息负债,房地产投资比重还与国外相同,那才是更奇怪的事情。在韩国,如果月租房代替了全租房,估计情况也会变得和国外相似。

◇ 优质的投资,收益应该大于采购成本

既然探讨了全租,让我们再来看看接下来的几种情况。租房子的时候到底是全租有利还是月租更有利呢?父母这一代人大部分都认为"全租交的保证金以后还能拿回来,但月租可是交完就消失的钱",有条件的话还是尽量全租。这种观点是对的吗?

这个我们在后面会再讨论一次,但在进行经济决策时,最好比较一下每种情况的数额对自己的财务报表可能产生的影响,这样有助于你做出正确的选择。

假设同一套公寓的全租和月租的条件如下:

> - 全租：保证金 4 亿韩元（保证金即全租租金）
> - 月租：保证金 1 亿韩元 / 月租金 120 万韩元

在这种情况下，全租和月租哪一种对租客更有利呢？首先全租的保证金是无收益资产。虽然这是我的资产，租期结束后是可以要回来的，但是它不能盈利。如果说无息负债是良性负债，那么无收益资产就是不良资产。

如果签订了全租的房屋合同，财务状态表上就相当于捆绑 3 亿韩元的资产。取而代之的是，在利润表上可以减少月租 120 万韩元。减少成本就是增加效益，所以最终就跟有收益效果一样。也就是说，3 亿韩元的保证金可以减少月租支出，给你每月带来 120 万韩元的收益。一年下来，收益为 120 万韩元 ×12 个月 =1,440 万韩元（约月人民币 7.2 万元），那么保证金的收益率就是 1,440 万韩元 ÷3 亿韩元 =4.8%。

如果你之前有 3 亿韩元的存款，而且存款利率是 2%，那么以全租形式签约比较有利（月租是每月支出，存款利息是按季度收取，所以两者要比较的话，应该用复利收益率来计算，但是为了便于理解，我们在此暂且用单利来计算）。因为全租的方式，相当于你将收益率为 2% 的资产转换为收益率为 4.8% 的资产了。但是，如果这段时间你持有的是 3 亿韩元股票，而股票的年收益率为 8%，那么就是月租反而更有利。因为如果将 8% 的资产换成 4.8% 的资产，损失率将达到 3.2%。也就是说，作为保证金支付出去的资产（存款或股票），其收益率不同，决策也会有所不同。

以此作为参考，之前我们通过计算得出，保证金的收益率为4.8%，它被称为"全租月租转换率"。这意味着，如果将保证金为3亿韩元的全租方式转换为月租方式，就需要缴纳相当于转换率为4.8%的月租，即1,440万韩元。如果将月租转换率和我拥有的资产收益率进行比较，就可以清楚地判断，全租和月租各自有何利弊了。

对我而言，月租更为有利。就像前面提到的那样，在股票投资年收益率超过20%的情况下，没有必要把自己的资金作为全租保证金葬送。这就是我在离开13坪的婚房第一次搬家时，不顾周围所有人的反对，毅然签订了月租合同，而不是全租合同的根本原因。当然，要想做出这种决策，就必须清楚地掌握自己所拥有的资产种类和每项资产的收益率情况。

如果是没有资金而需要贷款租房的情况呢？为了不交月租而签订全租合同，3亿韩元的资金就只能通过贷款得来。此时，将全租贷款利率与全租月租转换率进行比较，其结果是，如果全租贷款利率大于全租月租转换率，则月租较好。因为全租贷款要交给银行的贷款利息比给房东的月租还多。反之，则是全租更好。

从2019年至今，全租月租转换率都在6%左右，而全租资金的贷款利率在3%左右，一般来说全租比月租更合适（当然，全租保证金在房价下跌的情况下，也会有到期收不回来的风险）。也正是因为这个原因，当我第二次搬家来到现在住的房子的时候，我选择了全租。结婚之初，曾经无条件反对欠债的妻子，也同意了我说的欠债不一定是坏事的观点，于是我以妻子的名义办理了全租的租房贷款（如果考虑全租房贷款，其实在我第一次搬家时，比起月租，用全租房贷款签订全租房合同更为有利。因为我的资金继续投资可以获得收益,而全租保证金通过贷款来支付,那么就像贷款利率和全租月租转换率的差异一样,全租将是更有利的选择。但是由于当时我刚辞去会计师事务所的工作,成为一个自由职业者,贷款受到了限制,再加上妻子本来就讨厌欠债,所以选择了月租)。

总而言之,负债的好坏取决于利息和投资收益。如果筹集资金负债后,负担的利息大于投资该资金获得的收益,那么最好尽快偿还该负债。相反,如果投资收益大于利息,则是不必急于偿还的良性负债。由于无息负债的利息为零,因此这是可以直接存入银行当存款的良性负债。如果投资资产的回报率比自己承担的贷款利率高,你就可以利用财务杠杆作用早一点成为富人。

无论如何,要做出这种判断,就必须记录自己的资产和负债明细,并能够估算出投资回报率和利息。我们在"致富练习4"中记录了资产的收益率和负债的利率。我想你可以再次确认一下是否已记录清楚了。

如果还没有写下来,希望你能把它们写下来。如果只是点头表示"成为富人的方法就是这样的啊"就足够了,那就不用写下来了。但是,如果你想改变你的人生,就一定要写下来。写下来了不一定就能成为富人,但是与不写相比,写下来的话,你成为富人的概率会提高10倍以上。

致富练习

记下资产的收益率和负债的利率

让我们翻开"致富练习1~4",看看自己记录下的结果。资产和负债是否包括收益率和利率?如果还有没记录下的项目,再考虑一下填上。如果是无收益资产或是无息负债,收益率和利率则计为0%。但是在计算资产的收益率时,还要考虑机会成本。正如前所述,全租保证金虽然不能马上带来收益,但有降低费用的效果。如果是3亿韩元的保证金可以减少每月120万韩元的月租金,从而达到每年减少1,440万韩元费用的效果,那么全租保证金的收益率即为4.8%。

翻开"致富练习5~8",在你记录过的资产和负债的所有项目旁边,分别记录下各自的收益率和利率。看看有没有无收益资产,再比较一下你持有的资产的收益率和负债的利率。

第五章

如何区分收入和费用?

◆ 收入也有很多种

从企业的利润表来看，收入被划分为营业收入和营业外收入。公司主营业务产生的收入即为营业收入，非主营业务的副业或暂时性收入即为营业外收入。比如三星电子销售手机，就能获得营业收入——销售额，但如果其将办公室用过的办公桌作为二手商品出售，就会获得营业外收入，因为三星电子的主营业务不是销售书桌。所以收入是否为"主要营业活动"产生的就是区分营业收入和营业外收入的标准。对企业来说，营业收入更为重要。因为营业收入成为持续收入的概率较大，而营业外收入持续出现的可能性较小。

那么，个人收入该怎么区分呢？前面我们也说过，不用制定编制个人财务报表的标准，个人按照适合自己的标准来区分就可以了。当然，你可以和企业一样，按照"是主业还是副业"的标准来将收入区分为营业收入和营业外收入。

我在会计师事务所工作的时候，偶尔去企业授课，授课后会得到一笔津贴，虽然金额很小，但因为是工资以外的收入，所以作为附加收入来说还算不错。工资以外的收入，可以划分为其他收入或营业外收入。上班族如果在周末或节假日偶尔兼职，那么兼职收入就可以算作营业外收入。通过银行存款获得的小额利息或是股票投资获得的收益也可以算作营业外收入。但是我并不喜欢把个人收入这样分成来自"主业还是非主业"，并且十分警惕这种划分方式。因为它可能误导了我们的观念，让我们离成为富人的可能越来越远！

和企业一样，以主业（本业）与否来划分，为什么会误导我们的观念呢？因为就像营业收入比营业外收入对企业更重要一样，个人可能也会认为工资收入比非工资收入更重要。如果以本职还是兼职来区分收入，你会认为本职工作更为重要。但是为了成为富人，你必须要改变这一观点。在这一整本书中我最想强调的就是区分收入的标准：是否是被动获得的收入？

被动获得的收入是我不需要付出任何的努力也能获得的收入。你有这样的收入吗？环游世界一年，什么都不做，也会有源源不断的钱汇入账户吗？你的收入中有多少是被动获得的呢？本书中出现了很多成为富人的概念和条件，但是如果要选出一个最重要的，那一定是：你的个人财务报表中，有多少属于"被动收入系统"。

"不用付出任何的努力就能够赚钱？除非是去做贼！"如果你也怀着这样的想法，那就与富人的想法相去甚远了。当大多数人认为"要努力工作赚钱"时，富人却这样想："为什么一定要靠努力工作去赚钱呢？"

不经过任何努力而得到收入被称为"不劳而获"，而"不劳而获"一词一般具有贬义色彩。当然，我也认同"劳动神圣"，但是这并不影响我积极追求"不劳而获"。这个说法或许自相矛盾，我们将在后面展开细说。现在先让我们一起来看看下面的例子。

生产产品不仅需要参与生产所需的劳动，对其所需的必要资本也是要支付代价的。在原始社会，参加狩猎的人才能分得猎物。但是在私有制诞生以后，即使你不参加狩猎，只要提供了狩猎所需的资本，也能分到肉吃。十个人通过投掷石斧狩猎和五个人拿着枪去打猎，哪一方的狩猎数量会更多呢？如果后者更多，那么即使需要把猎物分给提供资本买枪的人，狩猎者也会得到更好的结果。毕竟，扣动一下扳机比扔石斧要轻松容易得多。

表 5-1 狩猎成果对比：石斧 VS 枪

区分	参与者	收获猎物	分配
石斧	10个猎人	10只	1只/人
猎枪	5个猎人+ 1个资本提供者	18只	3只/人

如表 5-1 所示，如果十个猎人捕杀了十只猎物，每个人可以分得一只。如果五个猎人用一名资本提供者的枪捕杀了十八只猎物，那么这六个人，每人可以分得三只猎物。当然，如果猎人和资本提供者的分配比例失调，那么每个猎人各自获得的份额将会大大减少。在表 5-1 中使用枪狩猎的情况下，如果资本提供者拿走十五只猎物，只把剩下的三只分给猎人，那么每个猎人分得的份额还不如扔石斧时多。那么，如果不分给资本家任何猎物呢？资本提供者没有提供任何劳动，分给他猎物就是"不劳而获"，可是如果因此拒

绝分配猎物给资本提供者呢？那么猎人们将不得不再次投掷石斧狩猎了。

所以，认为资本提供者的份额是不劳而获，不认可"不劳而获"是很不明智的。如果猎人们没有把分得的三只猎物全部吃掉，而是每人留下一只，收集起来，然后再用它们换枪，那就更好了。每个猎人也必须要努力成为资本提供者。

怎么样，你有"枪"吗？

如何区分你是"有枪的资本提供者"，还是只能靠"借枪打猎的猎人"呢？那就是确认自己的收入中是否有"不劳而获"的部分。如果你是资本提供者，就会有即使不工作也会自动获得的收入，即被动收入。千万不要把收入区分为主业收入还是副业收入，而是要把收入区分为主动收入还是被动收入。

本书读者可能大多是领取工资的劳动者。如果将劳动所得以"是否来自主业"为标准，划分成营业收入和营业外收入，那么通过努力工作获得的劳动所得（工资）即为营业收入，而银行利息、投资收益或者房产租赁收入等通过资本所获得的收入，即为营业外收入。如果因此而认为劳动所得是主业所以重要，资本收入是副业所以不重要，那就是与致富之路背道而驰了。

我并不是要主张作为副业的投资比主业工作更为重要，可是你真的想仅靠劳动所得过完一生吗？即使你这么想，给你发薪水的人也是这么想的吗？为什么会有退休制度呢？难道不是当资本收入大于劳动所得，一个人才能从容地退休吗？人们常说："要想成为富人，不要为了钱而工作，而要让钱为我工作。"说得没错也并不难懂，可是具体该怎么去做呢？大多数人就摸不着头脑了。所以，必须创造出即使不工作也能得到的收入来源，这一点我将会在后面进行详细讲解。"钱能生钱"这句话一不小心就会被误认为是有了钱才能赚钱，但是，其实它应该是在强调即使我们不工作，钱也能赚钱的重要性。

◇ 想成为真正的富人，就要区分收入来源

我把我的收入划分为四类。正如前面我说过的，区分个人收入并没有什么标准，但是对本书的读者来说，这会是一个很不错的参考。

第一类是前面提到的被动收入。因为是不工作而获得的收入，所以也可以用"不劳而获"来形容。但是，"不劳而获"总是带着负面色彩，让人感觉很不好。因为它来自"赚钱系统"，所以我将其划分为"系统收入"，听起来更舒服。如果说是在追求不劳而获，总会给人一种负面消极的感觉，但如果说是去创造系统收入，则会给人一种创造性的感觉。此外，在构建系统的过程中，也需要辛勤劳动，因此也不能一概而论地说成是不劳而获。但是不管怎么说，这都是我最偏爱的收入形式，在后面即将说到的第三个致富公式里，这种收入还是衡量成为富人的标准。

与被动收入相对应的是主动收入，是通过工作才能得到的劳动报酬，所以用"劳动所得"来表示。但是，有的收入很难区分是主动收入还是被动收入，比如有的工作不是每个月都要付出劳动，而只是需要定期工作。我的线上应试辅导课程就是如此，我在网上发布应试辅导，只需要录制一次课程并上传，一年内都能获得收入。

我把它叫作"半自动收入",因为它需要每年更新一次,重新录制并上传。

收入的最后一个类别是"投资收益",是只有当我投资项目的价格上涨才能获得的收入,最典型的就是通过股票投资获得的差价收益。它可能会与被动收入相混淆,但是被动收入是不会有损失的风险的。相反,投资收益可能会有回报,但是如果价格下降,也可能会造成损失。

表 5-2 个人收入的划分

区分	种类
系统收入	无须投入额外劳动而自动获得的收入
半自动收入	半自动形式的收入,需要周期性的劳动投入
劳动所得	需要工作才能获得的收入
投资收益	投资资产的价格上涨而获得的收入
其他收入	不属于以上四类情况的收入

根据个人情况的不同,也可能会产生无法划分到以上四种类型的收入。比如,你买彩票中奖了,这笔奖金不属于以上四种情况。它不是被动收入,也不是劳动所得,也不能把买彩票看成是投资。为了应对这样的情况,有必要列出一个分类为其他收入,将剩下的所有收入划入其中。

我还要再次重申,这种收入区分是随意的,每个人根据自己的情况做出合适的区分就可以了。同样的收入,不同的人也会进行不同的分类。例如，我把股票投资收入划分为投资收益，但如果是专门从事股票投资的人，就可以将其划分为劳动所得。

◇ 收入类型不同，资产类型也不同

按照前面的标准将收入进行分类之后，资产的分类标准也就随之产生了。我把产生系统收入的资产归类为"系统资产"。因为劳动所得由我本人创造，所以不用划分为其他资产类别。当然，你也可以通过反向计算劳动所得的方式来计算人力资产，但是，计算其资产价值并非易事。如果有能产生半自动收入的资产，也可以划分为系统资产，因为系统资产和周期性劳动结合在一起，会产生半自动收入。而产生投资收益的资产可以划分为"投资资产"。

如果把资产区分为系统资产和投资资产，就会得出另一个新的观点。比如，你购买了一套公寓用于出租，那么这套公寓是系统资产还是投资资产呢？根据其租赁方式的不同，分类也会有所不同。如果是以月租形式出租，则属于系统资产，因为这样每个月都能按时带来月租收入；如果是以全租形式出租，则属于投资资产。在全租租赁合同中，没有能按月自动入账的月租收入，取而代之的是投资收入，我们可以灵活利用全租保证金作为无息杠杆，低价购买公寓，然后在价格上涨时出售，赚取差价。当然，如果遇到房价下跌，这种情况下也会蒙受损失。人们通常会考虑的，是投资房地产还是股票；而我考虑的，是购买系统资产还是投资资产。

股票在大多数情况下属于投资资产，股价上涨则获利，下跌则亏损。但是，也可以把股票当作系统资产，最具代表性的就是投资的股票能够获得分红，因为分红股息率是高于银行利率的。所以如果是以定期分红为目的买入的股票，则可视为系统资产。

当然，将资产分为系统资产和投资资产后，也会存在很多不属于这两种类别的资产。比如，从租客的角度来看，全租保证金属于什么资产呢？全租保证金是我以后可以拿回的资产，但是并不能从它这里按时得到收益。虽然省下了每月必须按时支出的月租租金，但是它也不能被划分为系统资产。即使以后返还，收回的保证金也不会增加，因此，不能将它划分为投资资产。既然如此，我们再给它想一个相应的类别好了，我将这类资产划分为"预存资产"，意思是暂时存放在别人那里的资产。

资产的分类因情况的不同而各异，也会因时代变迁而有所不同。让我们来试着判断一下银行存款属于资产类别中的哪一种吧。银行存款是按时产生利息的，利息收入就是系统收入，所以，可以把它看作是系统资产。但这仅仅是在利率超过 10% 的情况下，存一大笔钱到银行，仅凭利息就可以生活下去。但是现在呢？银行存款的利率还不到 2%，得存多大一笔钱，才能得到相当于系统收入的利息啊。尤其是可以随时存取的活期存款，那利率低得几乎和没有一样。在这种情况下，银行存款还能算是系统资产吗？因此，我把银行存款都归为预存资产。当然，如果你自己感觉银行利息能达到系统收入的程度，也可以把它归类为系统资产。只要根据自己的实际情况，按照合理的标准进行分类就可以了。

那么汽车、家用电器、家具等又该如何划分呢？除非是以投资为目的购买的古董，否则都不属于上述任何类别。当然，你可以依照自己的判断，为它们划分一个适当的类别，或者将它们统一归类为其他资产。但我并不会把这些项目当成任何资产,因为如果它们以后不能赚钱,就不能视其为真正的资产。所以,我认为这些都不是资产,而是费用。

致富练习

区分收入和资产的种类

把你上个月的收入按前面规定的类别分列记录下来。可以按照下面"致富练习 12"的分类标准进行填写。如果你已经制定了属于自己的分类标准,也可以单独用纸或是 Excel 表格填写。

致富练习 12

分类	项目	金额
系统收入		
	小计	
半自动收入		
	小计	

劳动所得		
	小计	
投资收益		
	小计	
其他收入		
	小计	
总计		

然后，把之前在"致富练习11"中记载的真正资产分为系统资产、投资资产、预存资产和其他资产等项目，在旁边写下来。

◆ 收入和利润的差就是费用

正如图 5-1 所示，通过当前的资产和负债求得净资产后，再与上月记录相比较，增加的金额即为"利润"，而收入减去利润后得到的就是"费用"。

在相当多的理财书籍中，为了控制费用，即支出，都强调读者要制定家庭账簿。但是我们在前面也提到过，要记录家庭的每一笔支出是需要花费相当多的精力和时间的，而这本身就是看不见的支出。我认为还不如把那些精力和时间花在别的地方。

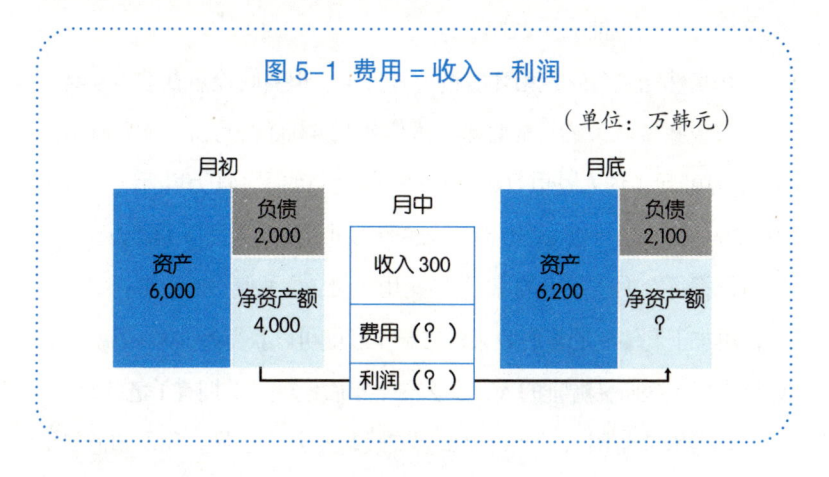

图 5-1 费用 = 收入 − 利润

（单位：万韩元）

月初
负债 2,000
资产 6,000
净资产额 4,000

月中
收入 300
费用（？）
利润（？）

月底
负债 2,100
资产 6,200
净资产额 ？

月末净资产 = 资产 6,200 − 负债 2,100 = 4,100

利润 = 月末净资产 4,100 − 月初净资产 4,000 = 100

费用 = 收入 300 − 利润 100 = 200

幸运的是，最近出现了很多种应用程序，即使不能记录每一次的支出，它也可以自动整理和分类。如果你使用的是银行开发的信用卡专用App，或是专门的支付类App，就不需要去记录每一笔开支，因为它会自动记录下来。特别是支付类App，只要将交易的银行卡和信用卡绑定，它就可以记录账户存取款明细和信用卡使用金额，并进行分类，希望大家都可以灵活运用。

　　事实上，说起成为富人的方法，最容易的是控制支出。如果在年轻的时候勤俭节约，追求利滚利的效果，那么小钱也能变成大钱。尤其是对普通上班族而言，在工资之外很难获得额外收入，缩减开支或许是成为富人的唯一手段。但现实是，难道是因为你不知道这个道理而没能去实践吗？

　　我当然知道省吃俭用才能过上好日子，但省吃俭用真不容易啊。

　　假设我一天节约一杯咖啡，大概平均4,000韩元，一个月就节约了12万韩元（约人民币600元），一年就节约了144万韩元（约人民币7,200元），二十年就能够攒下2,880万韩元（约人民币14.4万元）。然后，把每个月省下来的12万韩元用来投资，按照5%的年利率来计算，再加上利滚利的复利效果，二十年后就可以获得近5,000万韩元。如果是一天喝两杯咖啡的人，那么二十年后他就可以拥有1亿韩元。

　　说得够清楚明白了吧，但真要实践起来并不容易。我不知道二十年后的5,000万韩元到底价值多少，甚至不知道到那时我是否还活着。4,000韩元和5,000万韩元相比较，5,000万韩元当然极具吸引力，让人心生向往。但是要拿二十年后，也就是7,300天后的某一天和今天相比，着实是一件很困难的事。为了二十年后能获得5,000万韩元，要从今天开始节省度日二十年？先不说"二十年后会怎样"是多么遥远，单就"从今天开始，往后二十年间"来说，实在是太残酷了。

知道如何减少支出，但行动的毅力更为重要。如果不是迫切地需要削减开支，就很难持之以恒。关于这部分内容，后面我们再详细讨论。如果你想成为富人，就必须在增加收入和减少费用之间做出选择。有的人会选择增加收入，也有的人会选择减少费用。后面我们还会具体讨论那些因为无法增加收入而不得不减少费用的情况。而现在，我想让大家一起先观察一下不同的消费观。

如果根据我参与的程度将收入划分为被动收入和主动收入，那么支出（费用）又该用什么标准来划分呢？

◈ 这是必要开支吗？

区分费用的标准是看它"是否必要"。为了维持正常生活必需的支出，应该被归类为"生计费用"，其余的则全部归为"奢侈费用"。如前文所示，以净资产的增减额作为利润，从收入中扣除利润部分即为费用。这些费用，我们姑且将它们全部划分为生计费用。然后，再把你认为不是必要支出的项目找出来，将它们划分到奢侈费用中。

在你的总开支中，奢侈费用有多少呢？"我现在过得奢侈吗？都是生活必需的花销，不算奢侈吧"，如果你是这样认为的，那么，就可以将其归类为生计费用。在全部的支出额中，除去奢侈费用就是生计费用，如果你的收入不足以负担这些费用，那么，生活将会变得窘困不堪。当然，根据各自的情况，你也可以划分出其他的费用分类，但是在这里，我们只以生计费用和奢侈费用这两类来进行记录。

致富练习

计算每月的支出额,划分出生计费用和奢侈费用

在"致富练习5~8"中,你已经确认了你的净资产增减额,并求得了支出额。现在,让我们来找出那些支出项目中,是否有你认为的奢侈费用吧。然后,从总支出额中减去这些奢侈费用,就能算出生计费用了。

致富练习 13

损益预估	
A. 当月末净资产额	
B. 上月末净资产额	
C. 净资产增减额(A–B)	
D. 当月所得收入	
E. 当月支出额(D–C)	
F. 奢侈费用	
G. 生计费用(E–F)	

第六章

致富公式3：判断富人的标准要改变

◇ 如果你有一份家传秘方，你会卖掉吗？

让我们来想象一下，再怎么努力工资也不涨，怀着不知道什么时候就会被裁员的焦虑，早已厌倦了现在职场生活的你，正在考虑要不要辞职做生意。而你的外婆厨艺非凡，去世前曾给了你几道神奇的美食秘方，周围的人，凡是品尝过用这种秘方制作的食物的，都会感叹："如果去开饭店，一定会生意兴隆的。"

你终于鼓起勇气开了一家专门卖泡菜汤的餐馆，而且菜品广受好评。在美食节目的宣传下，顾客络绎不绝。支付完雇员的劳务费和店铺租金，每个月能获得2,000万韩元（每年2.4亿韩元）的净收入。与你当年在职场的年薪4,000万韩元相比，现在的收入是原来的6倍。

可是，忽然有一天，一家大企业的高管找上门来，提出了这样的建议：我们想每月支付给你500万韩元，用于购买泡菜汤秘方。

也就是说，如果卖出美食秘方，每月收入为500万韩元。但是，秘方卖出后，你就不能再使用了，更不能给第三人使用。同时，现有门店的装修、管理等投资费用也会一并补偿给你。

你会怎么做呢？

原本每个月能赚 2,000 万韩元的美食秘方，要以每个月 500 万韩元的价格卖出去吗？

很显然，这个问题是没有正确答案的。有的人不愿出售秘方，有的人愿意出售，重要的是判断的依据。

当我创造出第三个致富公式后，我改变了自己的答案。十年前的我也许不愿出售秘方，但是现在的我愿意卖掉秘方。

◆ 要拥有多少财富才算富人呢？

你判断富人的标准是什么呢？大部分人判断富人的标准是拥有财产的多少，财经媒体 Money Today[1] 从 2004 年开始，每年以"富人"为主题进行问卷调查，结果显示，大多数受访者将富人的标准选为"总资产 10 亿韩元以上"（图 6-1）。

图 6-1 2019 年国民问卷调查

你认为一个人有多少资产，才能算是富人？

资产	比例
10 亿韩元以上	38.8%
20 亿韩元以上	19.8%
30 亿韩元以上	14.0%
50 亿韩元以上	11.0%
100 亿韩元以上	10.9%
不知道/未回答	5.5%

资料来源：《有 10 亿韩元就是富人——韩国人评判富人的标准从未改变》Money Today，2019 年 6 月 20 日

---

1 Money Today（今日财经）：韩国最大媒体集团，旗下有在韩国极具影响力的经济新闻网站和杂志，提供金融、证券、房地产、科技、娱乐等新闻。

虽然不知道受访者是如何理解"总资产"这一概念的,是扣除负债前的"总资产",还是减去负债后的"净资产"呢,抑或是理解为除去负债外,包括了房地产、现金、金融资产等全部相加的"总资产"呢?大概是后者吧,但是无论如何,判断富人的标准始终是财产。你的理财目标不也是依据财产数额制定的吗?在"致富练习9~10"中,也将净资产列为理财目标,所以对此你不会有疑问了吧。但是,以财产额(净资产额)作为判断富人的标准是否合适呢?

做任何事情,设定正确的目标都是最重要的。假设你要减肥,把目标放在"体重减少"和放在"身体健康"上,必然会带来不同的结果。当然,处于肥胖状态的人,如果减肥的话,随着体重的减少,健康自然也会得到改善。但是,如果把体重减少设定为目标,而盲目地执着于实现这个目标的话,甚至可能会服用一些不安全的减肥药。不顾一切地节食,患上厌食症的情况也是时常发生的。减肥的目标不应该是"瘦骨嶙峋的身材",而应该是"健康幸福的生活"。

想成为富人的目标也是如此,如果把目标定为财产金额,那么金额达到多少才能满足呢?每天工作15个小时,周末也不休息,辛勤挣够10亿韩元就满足了吗?被别人说成是"一毛不拔的铁公鸡",斩断一切人际交往,辛苦攒下了10亿韩元,就能过上幸福的生活了吗?

以财产金额为目标,一不小心就会陷入一场永远不会结束的比赛中。假设你攒够了10亿韩元,终于在江南[1]购买了一套自己心心

---

[1] 江南:首尔有一条河叫作汉江,江南是指汉江以南。这不是行政区划,而只是一个区域,有很多富人或是知名人士都选择居住在江南,而且在韩流文化中江南被看作是金钱、地位的象征。

念念的公寓，而你的邻居身家却在 10 亿韩元以上。能够买下市价 10 亿韩元的公寓，这样的人最起码也拥有 10 亿韩元的财产了，如果再加上其他金融资产，更是富人中的富人。那么，在拥有 20 亿韩元的人群中，只拥有 10 亿韩元的你还能满足吗？孩子们放学后可能会抱怨"班上就数我们家最穷"，那么你现在又以 20 亿韩元为目标，开始攒钱了。然而，攒够了 20 亿韩元后会羡慕拥有 50 亿韩元的人，攒够 50 亿韩元后又会羡慕拥有 100 亿韩元的人。

要攒到多少财产，才能不再执着于通过财产数额获得满足感呢？就像不断追求"更苗条的身材"而变得骨瘦如柴一样，为了成为"更有钱的富豪"，一分钱都舍不得用，最后把钱留给子女当作遗产倒是很常见。当然，也有人会说："钱多并不代表幸福，生活得舒心最重要。"这就和认为"减肥有什么用，吃想吃的美食才幸福"而过度肥胖的人，是一样的逻辑。

◆ 致富公式 3：系统收入 > 生计费用

如前文所说，那我们就没有必要积累财产了吗？还是说用"幸福"或是"满意度"这些难以量化的标准，来衡量一个人是否为富人呢？我认为，判断富人的标准不是财产，也不是难以量化的幸福或者满足感，而是要满足如下条件。

> 成为富人的条件：系统收入 > 生计费用

这就是我的第三个公式（数学上应该叫作不等式，但是为了方便，我就称它为公式了）。

　　前文中，我们把收入划分为被动收入（系统收入）和主动收入，费用划分为生计费用和奢侈费用。而我认为的富人标准就是"系统收入大于生计费用"，你知道这意味着什么吗？这意味着即使不用工作也能按时收到的被动收入比实际维持生计所需的费用还要多，也就是说，即使不工作，你也不用为生计发愁！

　　把判断富人的标准定为财产金额，并为实现这一目标而不懈努力，就好像仓鼠在笼子里跑转轮一样。当你把目标提升到更高的级别时，就像是换了一个更大的转轮，你永远都无法摆脱它。如果把金额当作目标，目标就会被不断提高，而你也将会无休止地追赶目标。就像父母跟你说"只要考了班里第一名，想要什么都给你买"，然后你咬紧牙关刻苦学习，考到班级第一名后，父母又会要求你成为全校第一名。如果以金额为目标，你就必须不停地追赶不断提高的目标，而我提出的不等式的目标不会一直提升。我们想成为富人也不是为了追逐金钱，而是为了摆脱金钱的束缚，实现财富自由。如果"即使不工作，你也不用为生计发愁"，这难道不就是所谓的"财富自由"吗？

◆ 与其积累财产，不如实现财富自由

　　偶尔我也会遇到积攒了足够多财产的富人，但是，他们的生活并不让人羡慕。在我的学生时代，有一家我经常去的煎饼店，它在老式市场的一个胡同里，因为店主老奶奶的手艺好，顾客络绎不绝。后来，这家店又搬到了一栋新楼的底层，据说店主老奶奶买下

了那栋楼，这是"卖煎饼建起一栋楼"的典型事例。

成了一栋楼房的所有人，如果只看财产，老奶奶肯定算是富人了。但是，我并不认为那位老奶奶是富人。她看起来已年近八十了，还从早到晚日复一日地煎着饼。虽然不能只凭所见就断定老奶奶的人生不幸福，但至少这不是我想成为的那种富人。老奶奶还在继续卖煎饼，赚取劳动所得，而我的第三个致富公式里是没有劳动所得的。

当然，老奶奶也可能会因为自己这么大年纪还能工作而感到满足，看着客人们对煎饼念念不忘，吃得津津有味，而感到无比充实和幸福。但是，从老奶奶对待客人的态度上，我丝毫感觉不到她有那种满足感。如果客人点了很多种类的煎饼，她就会生气地说很忙，要求换成统一口味；即使是老顾客偶尔打招呼，她也不会回应，只是在烤盘前不停地擦着汗。老奶奶会不会在埋怨客人太多呢？如果没有客人，赚不到钱，就可以不用干活，在家好好休息了。而现实是，因为客人太多，老奶奶根本停不下来。

"闲着干什么？开店营业每天都能挣这么多钱！"

不久前，我偶然在手机上安装了一款游戏。为了更好的游戏体验，可以付费购买所需的宝石，也可以每天三次在规定的时间登录游戏，完成简单的任务，获得免费宝石。付费购买的话，一天要支付 1,000 韩元（约人民币 5 元），但每天三次按时登录完成任务后，就能免费获得宝石。因此，每次完成任务后，就相当于我节省了 1,000 韩元，感觉很划算。既享受了有趣的游戏，又有赚到钱的感觉，于是，我每天按时连续登录，完成规定的任务以获得宝石。

但事实上，我的宝石越积越多，却没有任何用处，而且游戏也越来越没意思。虽然因为无聊想删除游戏，可我还是每天坚持登录三次执行任务，来继续获得宝石。我是这么想的：

闲着干什么呢？只要登录一下就可以得到宝石！

我到底在干什么呢？为什么一有空就去玩已经感到无聊的游戏呢？是为了宝石吗？也没有什么地方能用到宝石啊！难道不觉得自己很可悲吗？

那个老奶奶为什么每天都在煎饼呢？她要煎到什么时候呢？

为了获得价值 1,000 韩元的宝石，要花费 10 分钟完成规定任务，那么，我的 10 分钟就值 1,000 韩元吗？当我意识到我用 1 小时 6,000 韩元（约人民币 30 元）的价格，花掉了宝贵的时间，我立即卸载了游戏。

老奶奶什么时候才能停下手里的活，花时间去做自己想做的事呢？难道不是因为只知道干活，而忘记了"享受闲暇欢乐的方法"，才会觉得："闲着干什么？有什么可玩的？"

我们羡慕富人，想成为富人，是因为羡慕他们过得自由，从来不必为了赚钱去做自己不喜欢做的事情，也从来不用为了挣钱而付出自己的宝贵时间去工作。

不要拿我们的人生去换取金钱，我们要为自己而活。

俗话说"造物主之上是业主"。可见，人们是多么渴望成为房子的主人，就连青少年们选出来的"未来希望成为的人"，第一名也是房子的主人。但人们并不仅仅是想要获得房子，而是因为拥有了房产，即使不工作也能按月收房租。也就是说，人们向往的是依靠收房租这一系统收入来负担生计费用的人生。

你想要的是什么？是富人的财产，还是富人的自由？

现在，让我们再来回答前面提出的那个问题吧。你是否会把每个月能赚 2,000 万韩元的秘方以每个月 500 万韩元的价格卖掉呢？乍一看，卖掉秘方简直不可思议。"每个月能赚 2,000 万韩元的秘方，为什么要以 500 万韩元的价格卖掉呢？每个月会损失 1,500 万韩元啊？"

但是，这是你以为时间是免费的而得出的结论。你必须每天从早到晚待在厨房里煮泡菜汤，每个月才能挣到 2,000 万韩元。因为是不能向任何人透露的秘方，所以每一次都需要你亲自制作。就像卖煎饼的老奶奶一样，从不间断地把时间变换成金钱，直到最后，把整个人生都换成了金钱。

如果让我选择，我会毫不犹豫地卖掉秘方。把秘方转让出去，我就什么都不用做了。虽然什么都不做，但是每个月有 500 万韩元的收入，并从那时起，我可以去做真正想做的事情，过富有意义又有趣的生活。

既然有了这样一个梦寐以求的机会，可以做自己想做的事情，为什么要拒绝，自己还整天去做泡菜汤呢？

我的致富公式里没有劳动所得，只有系统收入。因此，我非常愿意把每个月 2,000 万韩元的劳动所得，换成每个月 500 万韩元的系统收入。想要成为富人，系统收入很重要。你的财务报表中记载的系统收入是多少呢？在"致富练习 12"中，你写下了多少系统收入呢？与在"致富练习 13"中记录的生计费用相比，你的系统收入能负担多少生计费用呢？

第2篇

学习致富,现在还不晚

第七章

我的财富自由之路

◈ 突然成为一家之主，我陷入了困境

在这里聊一聊我的故事吧。正如在序言中所说，我没有房子，也没有豪车，但自认为是个富人，原因是我的系统收入超过了生计费用。因为我以此为目标，它便具有了可行性。我将讲述是什么让我拥有了这样的目标，以及这个目标是如何实现的。当然，正在阅读这本书的你，可能过着和我不一样的生活，身处不一样的环境。但是，如果你设定的目标和我一致，我的经验对你也许会有一定的帮助。

我在农村长大，高中毕业后考入了首尔一所中等偏上的大学。我原本的目标是进入一家大企业工作，虽然我告诉父母我正在努力准备会计师考试，但也就是嘴上说说而已，我更喜欢和朋友们一起玩。1994年，在我上大学的时候，想要进入一家自己喜欢的企业，谋得一个好的职位，需要成绩优异，但如果只是想要找个工作解决就业问题，只要毕业于首尔中等偏上的大学就能做到。

然而到了1997年，在我临近毕业的时候，亚洲金融危机爆发了。家里的经济形势变得非常严峻，曾经是家里经济支柱的爷爷，事业陷入了困境。后来，因为实在经营困难，父亲为其担保，所以

工资也被扣押了。没过多久，父亲因为一场交通事故离开了我们，肇事者也逃逸了。

一夜之间，我突然成了一家之主，负责照顾生病的母亲和两个妹妹。在父亲的工资被扣押，车祸的肇事者也找不到的情况下，我们家的经济相当困难。母亲身体不好，我们三个孩子还是学生，可以说，我们一家四口的收入为零。身为一家之主的我当然要出去挣钱，但我当时既没有学到技术，又没有做生意的本钱，这让我很是郁闷。我认为获得会计资格证后收入会来得更快，所以全心投入到了会计师考试的准备之中。

幸运的是，我通过了会计师考试，进入了一家会计师事务所工作。因为备考期间我没有收入，所以我需要尽快还清这期间产生的债务。由于会计师毕竟是高薪职业，所以我坚信，只要努力工作，勤勉攒钱，总有一天，我会成为富人的。

经历了短暂的职场生活之后，我便去服了兵役，退役后又复了职，我仍然很努力地工作。我很感激能够重新回到会计师事务所工作挣钱，可我的经济状况并没有好转。实际上，会计师事务所的年薪并不算高。虽然与一般的工薪阶层相比较高，但是与银行或者证券公司等金融机构相比，年薪还是比较低的。当然，与金融机构相比，我们的晋升速度更快，随着时间的累积，慢慢会获得更多的收入，但是"实习"会计师的年薪并不能让我过上曾期待的高薪专业人士的生活。

就在我意识到这样下去可不行的时候，忽然传来了人人都能通过股票赚钱的消息。2007年的综合股指从1,400点上涨到了2,000点，大家都在谈论股票，到处都是"可靠的高级信息"。我也觉得就是它了,然后在银行贷了最大限度的款,进行了投资。可是,2008 年金融危机爆发了,我的投资损失惨重。即使每天都加班到深夜,拼命工作,债务还是一直在增加。

💎 只工作 4 个小时的生活

2008 年,我遇见了我的妻子。本来我好像是跟工作结婚了一样,每天只知道工作,不过,最终我还是遇到了那个想要共度一生的人。

当时我的生活状态就是每天加班,几乎没有一个休息日可以好好休息。有一天,我的妻子没有提前联系就来到了我们事务所,因为她想在下班时给我一个惊喜。接到妻子的电话后,我却不能准时下班,因为大家都在加班。妻子认为这是她没有事先联系我的结果,所以在事务所前面的咖啡厅里边看书边等我结束工作。就这样,我的妻子从 7 点开始一直等到咖啡店关门,她不得不又换了个地方继续等。

直到午夜 1 点,我还是看不出任何人有要下班的迹象。最后,实在没办法了,我只好向组长谎称母亲在浴室滑倒被送进了急诊室,才得以脱身去见了妻子一面。面对我这个午夜 1 点要赶去医院急诊看望母亲的人,组长却这样说:"你妈妈受伤了确实没办法……但是你今天走得早,所以明天早上 6 点前来上班吧。"

于是,我心中充满了疑惑:我为什么要这么努力地工作?我要像个机器一样工作到什么时候呢?

当年我一有空闲就会读蒂姆斯·费里斯(Timothy Ferriss)的《我

只工作 4 小时》（The 4-Hour Workweek）。对每天工作 14 个小时的我来说，"工作 4 小时"简直就是痴人说梦。更令人震惊的是，费里斯主张的 4 小时并非一天 4 小时，而是一周 4 小时。

"每周只工作 4 个小时？"

虽然一周只工作 4 个小时对我来说似乎根本不可能，但通过这本书，我也许能学到每天工作 8 小时的方法，于是，我怀着这样的期待读完了这本书，没想到书里的内容非常有趣。

费里斯说，如果把工作时间减少一半，工作成果会减少多少？每天 8 小时的工作，如果只工作 4 个小时，成果会减少 50% 吗？实际上，在 8 个小时中，有相当长的时间是低效的。其中有很多时间只是在等待上级的指示、和同事们聊天，或者上网冲浪。如果你能快速完成工作，得到称赞后就会被分配更多的工作，所以没有必要快速地完成工作。但是过去需要 8 个小时才能完成的工作，如果现在让我在 4 个小时内完成，也是没有任何问题的。成果也许最多也就差 20% 左右吧。

费里斯认为，如果你的工作时间减少了 50%，工作成果却只减少了 20%，你就可以与公司谈判。也就是说，即使你的工作时间减少了 50%，也能取得 80% 的成果，而你只需要公司支付你原来工资的 70%。对我来说，只投入 50% 的时间，就能得到 70% 的工资。这是双赢的事情。如果你能找到两份只需工作 4 个小时的工作，你就可以得到 140% 的工资了。而对公司来说，80% 的成果可以用 70% 的价格买到，也不亏。如果公司也聘用两名每天只工作 4 个小时的员工，那么效率将会更高。作者希望通过这种方式消除低效率的工作，实现业务自动化，提高劳动者的身价。所以，一周只工作 4 个小时，你反而会赚得更多。

读完这本书，我希望能将其中的知识运用在实际生活中。读了一本好书，我的生活不是也应该有所改变吗？但这在实际工作中似乎很难实现。到企业去审计，能做到"上午审计，中午就下班"吗？会计师事务所的业务，无论是审计还是咨询，都是需要团队合作的，成员们都很辛苦，如果自己只工作4个小时，内心会充满愧疚感。所以直到整个项目结束，团队成员们都只能一起辛苦，这就是我所从事的工作和我所在的单位的情况。

但是，仔细想一想，在我所做的工作中，确实有一项工作是可以独立完成，而且工作完成后就可以获取报酬的。**那就是授课！**

我在会计师事务所主要负责审计、咨询、授课三项业务，其中，授课是不用团队合作，独自一人也能完成的工作。而且授课收入是按小时计算的，所以，你做了多少就能得到多少。因为身在会计师事务所，工作性质使我无法实现只工作4个小时的梦想，可如果因此而辞去会计师事务所的工作，就无法进行审计或是咨询工作了。但是，授课可以由我独自完成。当时恰逢事务所内部授课业务比重增大，上级领导决定成立专门负责授课的部门，让我在咨询和授课业务中二选一，于是，我毫不犹豫地选择了授课。

曾经是工作狂的我开始专注于授课和会计培训这项业务，并很快取得了一些成绩，也积累了不少名气。又工作了三四年之后，我就辞职自己单干了，谢天谢地，还有很多人邀请我去授课，还不断向周围的人推荐我。面向会计师事务所的课程收费较高，面向个人的课程收费较低，但是，通过我的不断努力，我的课程中，面向个人的课程费用反而比面向会计师事务所的课程费用还高。因此，我的梦想竟然实现了。

每周只讲 4 个小时的课程，收入竟比在会计师事务所的年薪还多！

当我第一次读《我只工作 4 小时》的序言时，我觉得这是一个不切实际的想法。但是，在我下定决心想方设法去实践的五年之后，它竟然真的在我身上变成了现实。一周只上 4 个小时的课，就比以前赚得还多。我的梦想成真了！

◇ 站在高收入的巅峰

虽然现在的情况是一周只工作 4 个小时就可以了，但是我也不能真的只工作 4 个小时。因为我不能保证我的客户以后一直都会来找我。委托我授课的大多是金融机构，其中以证券公司居多。但是在证券行业，可能只是短期内流行有关财务报表的培训，热度一过就不需要了。证券公司有一段时间特别热衷于有关 K 线图的培训，但是由于技术分析不通畅，才开始重视财务报表分析。因此，培训财务报表说不定会像 K 线图一样，短暂流行一阵。此外，我的竞争对手随时有可能出现。因为毕竟不是和企业签订了长期合同，只是在企业需要的时候才会进行特别授课，所以，只要有比我更优秀的讲师出现，我随时会被排挤出局。

船进水的时候要划桨！

我想就只辛苦十年吧，十年后买上一幢小楼，然后出租，按月收租金过日子，为了实现这个目标，我还按照图 7-1 的方法制订了计划。

图 7-1 五年后积累一个亿

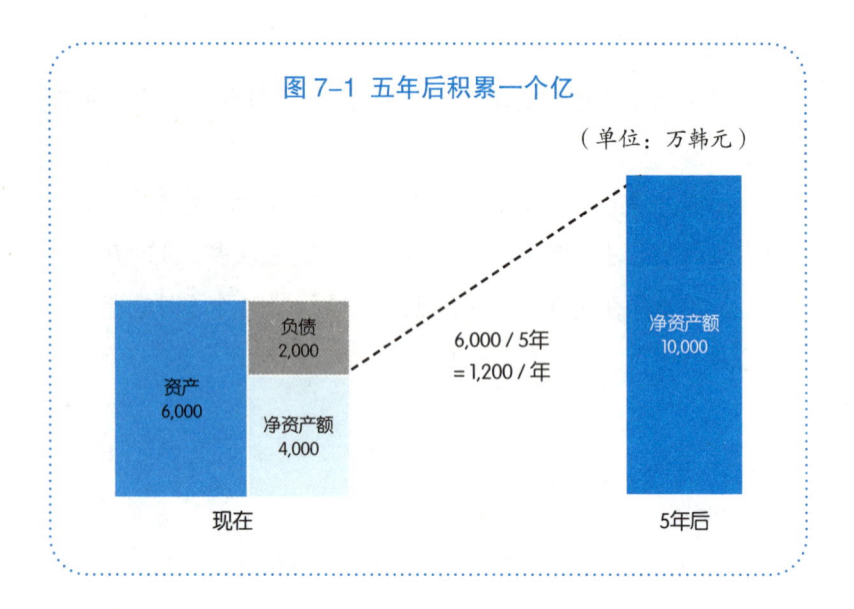

（单位：万韩元）

现在：资产 6,000；负债 2,000；净资产额 4,000

6,000 / 5年 = 1,200 / 年

5年后：净资产额 10,000

我在 NAVER[1] 的房地产内容里查找了一些符合我标准的房子，支付了贷款利息后，其租金能达到我预期的水平。此外，我还计算了除去贷款的净投资额是多少。与我现在的净资产比较，计算出了每年应增加的净资产目标，加上必要的生活费开支，得出了还要挣多少钱。经过计算，要实现我的目标，每个月需要授课 100 个小时。

所以我每个月要讲 100 个小时！

不管是什么主题的课程，只要是客户要求的，我都尽力满足，基本上就是什么课都接。有的时候一天 12 个小时不间断地讲课，也有的时候一个月要上 26 天课。我还给报纸投稿，还上电视讲课。账

---

1 NAVER：著名社交软件 LINE 的母公司，世界第五大（仅次于谷歌、雅虎、百度和必应）搜索引擎网站，也是韩国最大的搜索引擎和门户网站。

户里的钱开始一点一点地积攒起来了。然而，与此同时，我的压力也越来越大。我感觉实在是太累了，基本上一回到家就直接躺在客厅里一动不动。

忽然有一天我说不出话来了！

虽然讲课的时薪很高，但体力消耗不小，压力也很大。组织讲课内容、制定教案和策划固然很辛苦，但站在讲台上、长时间地出现在众人的视线里也不是一件容易的事情。如果有人一直盯着你，你的感觉如何？好几十个人专心听你连续讲 8 个小时的课，连打个喷嚏也小心翼翼的，更别提好好打个嗝了。如果我拉肚子怎么办呢？因为处处都要很小心翼翼，所以，上课的前一天我尽量避免吃辣的食物，可是每天都有课，也不知道从什么时候开始，我就已经根本不吃辣了。

你看过单人话剧吗？这是需要投入巨大的能量的。当然，讲课所消耗的能量还不能与戏剧演员消耗的能量相提并论。但是话又说回来，戏剧可不会超过 2 个小时，而我的讲座要持续 8 个小时呢。偶尔也会有因为公司的原因延期或是取消讲课的情况，每当这时，对方负责人总会不知所措地向我表示抱歉。但每当我接到这样的通知时，就会高兴得像飞起来了一样。

我和身边很多服过兵役的男士一样，常常会做噩梦，梦见自己又重新回到了部队，醒来后，感觉心情很糟糕，但是同时又很安心。我也会梦见我在讲课，经常是梦到自己搞砸了讲座或迟到了，醒来后才松了一口气。

可是，最终还是出了问题。有一次，在我讲课的过程中，嗓子突然沙哑了。十分钟前还好好的，突然，声带像蒙上了一层塑料布，只能发出闷闷的声音，紧接着，就只能发出尖尖的声音，听讲座的人也都大吃一惊。

声带结节了！

医生让我至少两个星期不要使用嗓子，就算能出声，也要至少一个月不能勉强用嗓，我不得不取消了一个月内的所有课程。

一个月过后，我又开始每个月讲 100 多个小时的课了。

然而还不到六个月，声带结节又复发了！

◈ 我陷入了焦虑的循环

自此以后，我的嗓子会周期性地发不出声音来，每一年至少要休息一次。只要稍微勉强讲课或是连续讲课两到三天，嗓子就会出现异常。如此一来，我真的需要想想办法了。

在此过程中，一个偶然的机会，我接受了心理咨询，咨询医生是这样说的："景仁，你父亲很早就去世了吗？他是怎么离开的，你能跟我详细地说一说吗？"

听了我的话，他点点头道："现在，我算是有点儿理解了。总的来说，你真的是一个责任感很强的人，'责任感'这个词甚至贯穿了你的全部生活。我一直想知道，为什么你要独自承担所有的责任，但是现在，我总算是理解了……你经历了非常特别而又令人震惊的事情。父母早逝的人不少，但是大多数的离别都会有一个过程，就算是得了癌症，也需要经历治疗和看护，在这个过程中，人们也会慢慢地做好心理准备。但是，你和你的父亲没有经历这样的过程，一夜之间就收到了'死亡通知书'。同时，你突然成了一家之主，又处在一个经济非常窘困却没有任何办法的境况，这段经历让你强烈地意识到，绝不能这样，即使天降横祸也不可以'不负责任'地离开，这种想法已经深深地扎根在你的潜意识里了。这种想法虽然不坏，但会让你对自己太过苛刻。"

我这才明白过来，一旦声带结节复发，我就会对自己说："不要勉强自己，以后要少讲课了。"但一旦嗓子恢复，我就又接了比以前更多的课程。我脑海中不经意间想到的是"总有一天，我会因为说不出话来不得不停止讲课。所以，我还是在能讲的时候尽量多赚点儿钱吧"。

说实话，我第一次声带结节发作的时候，身心都很放松。虽然因为要紧急取消或推迟授课日程，还要请求其他讲师替代授课，忙得不可开交，但是，短时间内没有课程让我感到非常高兴。即使停讲一两个月，经济上也没有什么大问题。其实我一年只需要工作三个月，就能挣到比一般工薪阶层的年薪还多的收入。本来可以借着这个机会好好休息一下，或者旅游一个月也行。

但是，不安感也随之袭来。我原以为我会成为明星讲师，继续讲下去，就能成为富人……但因为不讲课，下个月我的收入就要变成零啊!

不管我现在有多少财产，收入为零的事实让我畏缩了。脑袋里的想法变得很复杂，心里也很不舒服。

"如果我不讲课，我们全家的收入就是零啊!"

"可是我又能讲到什么时候呢？总有一天会不讲了的啊!"

"自己决定不讲了固然是好，但如果是我还想讲，却没有人请我了，我就真的讲不了了。"

"我的体力会越来越差,而且新的竞争者也会出现。"

"能做的时候还是应该尽量多做点儿。船进水的时候就要划桨啊!"

正是因为这种不安的感觉,我的嗓子一旦恢复,我就立刻开始授课,而且课程量比之前还多。然后,声带结节又复发了,如此恶性循环。就像是明明知道抓挠伤口会加重创伤,但还是会一直抓挠伤口,这样下去可不行呀!

可是要怎样做才能摆脱这样的困境呢?

◇ 时薪上涨带来的副作用

即使再辛苦也要坚持住,按照原来的计划,辛苦十年,然后早点儿退休。这本是个不错的计划,但是回想起来,时薪上涨带来的副作用也很多。如果任由这些副作用发展,十年后将不堪设想,到时候局面可能就无法挽回了。

当初我定的目标是"每周只工作4个小时",因为我想放松一下,享受闲暇时光。即使不是每周工作4个小时,哪怕是每天只工作4个小时,我也能过上悠闲自得且丰富多彩的生活。每天上午工作4个小时,下午便可以享受我的私人时间,或是进行一些休闲娱乐活动,到了晚上就与心爱的人一起度过,这是我最理想的生活!可是,当我满足了一周只需要工作4个小时的条件时,却出现了意想不到的情况。

为了既减少工作时间,又能赚更多的钱,我选择提高时薪——我放弃了每小时1万韩元的工作,集中精力去做每小时2万韩元的工作。之所以选择讲课，是因为在会计师事务所我负责的业务中，讲课是每小时薪酬最高的。比起一般公司，选择为金融机构授课也是因为其最了解课程的价值，而且他们能支付更高的薪酬。就这样，一边计算每小时的单价，一边集中精力做赚钱的事情，所有的决定都以每小时的薪酬多寡为标准，却因此产生了意料之外的副作用。

一个有名的笑话：比尔·盖茨即使看到 100 美元钞票掉在地上，也不会去捡，因为比尔·盖茨的收入每秒钟早已超过 100 美元了。如果他把这一秒钟花在捡这 100 美元上，对他而言反而是一种损失。虽然是个笑话，但十分合理。

在我从当初住的 13 坪的新婚房里搬出来的时候，就发生过类似这样的事情。因为新家距离原来的房子只有 5 分钟的路程，而且我们也没有什么大件的家具，所以我们选择了只负责搬运的搬家方式，这比全套打包搬家更便宜。相应的，搬家时我得抽出一天的时间来帮忙。虽然家当不多，可是搬家也并不容易，辛苦了一天的我第二天就累趴下了，于是只好又在家休息了一天。仔细想想，选择只搬运而不是打包搬家省下的钱，比我授课 1 小时赚取的课时费少。与其辛苦一天、病倒一天，还不如讲 1 个小时的课，然后用课时费去支付打包搬家的费用。

只需要投入 1 个小时就可以完成的事，我却浪费了两天，多傻啊！

从那时起，我就养成了以时薪为标准来思考事情的习惯。我的课时费是每小时 ×× 万韩元，然后以此为标准来判断。

有一次，我的岳母打来电话，说家里阳台上的自来水管坏了，让我有时间过去看看。我想，与其抽空去一趟，还不如让技术人员修理更合适。毕竟，我的身价要高得多。可是岳母却说："自己买材料修更便宜，为什么要花更多的钱找人修理呢？"但是在我看来，我把买材料修水管的时间用来讲课才是更合理的选择，而且也是更赚钱的生意[1]。

在节日之前，一般是要抽出一天时间做祭扫的，但是，在我看来还是花钱雇人去做比较合理。往返8个多小时的车程，再花两天的时间祭扫，不如花钱托付别人来做更便宜。而且，如果周末不休息，我就没有体力应对工作日里接踵而至的讲座。

就这样，我每小时赚取的课时费就成了我所有决策的标准。即使1小时需要支付20万到30万韩元，我的课时费也比这更高。所以，一般的事情我都付钱找人处理。

"我的课时费是多少，难道我要把如此宝贵的时间花在这些事情上吗？"

我始终认为这种决策方式是合理的、经济的。但是，它产生了严重的副作用。我年纪很大了才有第一个孩子，有一天，妻子拜托我周末抽空陪孩子玩1个小时，因为孩子很想和爸爸一起玩。

"我的课费时是多少，让我去陪孩子玩？"

没错。如果我花一天的时间授课，而不是花一天时间陪孩子玩，我可以用赚来的钱给予孩子更多的体验和经历，也可以把孩子托付给比亲爸爸更好的儿童专家。

就这样，我成了一个赚钱机器。

---

[1] 在经济学上，这被称为"相对优势"，从生产成本的相对差别出发，一个国家即使生产不出成本绝对低的产品，只要能生产出成本相对低的产品，就可以同另一国进行贸易，并使贸易双方都获益。——译者注

为了保证和孩子相处的时间，我尽量缩减了工作的时间，提高了时薪，现在却因此反而不能陪孩子一起玩了。我掉进了一个奇怪的陷阱之中不能自拔。因为知道时间的珍贵，所以把它换成了金钱，因此对不赚钱的事情不再感兴趣了，以至于现在既不能享受闲暇时光，也不能享受与家人的旅行。我要如何摆脱这个陷阱呢？当我想要从陷阱之中脱身时，书籍给了我很大的帮助。

◈ 走出陷阱，寻找真正的自由

有一天，我读了美国作家MJ·德马科（MJ DeMarco）写的《百万富翁快车道》（*The Millionaire Fastlane*）。在这本书中，德马科不仅强调了属于我们的时间的重要性，还强调了"被动收入"，即不需要投入时间工作也能赚到钱的重要性。我一直以来专注于提高自己的时薪，以便能每周只工作4个小时。我想方设法提高自己的时薪，并在努力实践，然而，提高时薪的最好方法，其实就是把投入时间"清零"。

从表7-1中可以看出，虽然B比A的总收入少、C或者D又比B的总收入少，但是，每小时的单价是A更低。如果不需要投入时间，那么只收入5,000的D比收入500,000的B效率更高。但实际上没有什么事情是不需要投入时间的。尽管房地产租赁收入看似"不劳而获"，但也是需要投入时间去寻找租户和管理房产的。不管怎样，如果能让投入的时间越接近于零，那么我的劳动价值就越接近于无穷大了。从这以后，我就下定决心要构建一个不用投入劳动也可以获得的系统收入。

表 7-1 投入时间为 0 时就能获得收入，效率最高

区分	A	B	C	D
总收入（韩元）	1,000,000	500,000	100,000	5,000
投入时间（小时）	10	2	0	0
每小时收入（韩元）	100,000	250,000	∞	∞

无论我的时薪如何上涨，收取的课时费多昂贵，只要不讲课，我的收入就是零。因此，我时常会担心"会不会突然出了事故，不能讲课呢"，又或是"如果嗓子又出毛病该怎么办呢"，我终日惶恐不安。但是，如果有了系统收入，就完全不用再担心这些了。即使我的健康出现了问题，我也会有收入；即使我人不在韩国，也能够赚到钱；甚至不管我发生了什么事，我挚爱的家人们也不至于陷入经济困境。沃伦·巴菲特不是也这么说吗？"如果没有找到一个当你睡觉时还能挣钱的方法，你将一直工作到死。"

我差点儿讲课讲到死啊！

当我下定决心去创造系统收入的时候，我的利润表上的系统收入是零。如何才能创造出系统收入呢？不用干活也能有收入，这是有可能的吗？有什么办法呢？如果能买栋小楼并按时收取租赁收入就好了，但是没钱买（当时的我也和大部分的人想法一样，认为要想投资房产，就必须要有一大笔钱）。那么以我现在的条件，到底能创造什么样的系统收入呢？苦思冥想了很久，终于在某一个瞬间，我一下子找到了方法。

我经常在讲座中引用罗宾·威廉姆斯（Robin Williams）的《写

给大家看的设计书》(*The Non-designer's Design Book*)中的一个小故事,作者小的时候曾经收到过一个植物图谱的礼物,那上面有一棵形状奇怪的树,这种树名叫约书亚树,它看起来很特别,十分显眼。作者从未见过此树,因为它的形状非常特别,见过就不会忘,作者希望有朝一日能在现实生活中看一看这种树。第二天,作者出门去上学,他发现:村里的每一家都种着约书亚树!

当作者不知约书亚树的时候,即使每天看到也都没有察觉自己不认识这种树,自从了解以后,无论他走到哪里都能看到这种树。我也是如此,在脑海里还没有"系统收入"这个概念的时候,我认为不可能有这样的东西,而现在我到处都能发现系统收入。

我做的第一件事就是"卖秘方"。从很多年前开始,我陆续收到过写书的提议和邀请,但是都未能付诸实践。虽然上课确实很忙,但更多的是因为写书在经济上不划算。写一本书至少要投入两个月的时间,和讲两个月课的收入相比,写书并不具有优势。关于投资或是会计方面的书,只要能卖出10,000册,就算是畅销书了。可是,每售出10,000册我能得到的版税还不如一个月的课时费多,我有什么理由写书呢?

更大的问题是,写书具有侵蚀效应[1]的可能性。当我决定写一本书的时候,妻子就曾这样对我说:"把讲课的内容写成书了,那还有人听你的课吗?"

如果是以前,我可能还会犹豫到底要不要写书。虽然把讲课的内容写成书也并不意味着我不能讲课了,只是因为我讲课赚得足够

---

1 侵蚀效应:指公司一项新产品的销售会挤占原有产品的销售,也称品牌替换。

多，完全没有必要去写一本书，但是最终我还是决定写一本书。

决定了，我要"卖秘方"！

虽然继续讲课我就能够赚更多的钱，但这不是系统收入。不管怎样，要想赚钱，就要每天讲 8 个小时的课，然后继续治疗声带结节。为了守住秘方，一整天都要待在厨房里煮泡菜汤。相比之下，写书所得的版税是系统收入。写书的最初我是要投入劳动的，但是等到写完之后，不管我在干什么，都会有版税收入了。哪怕是我躺在南太平洋的海边晒太阳，版税也会被自动存入我的账户。

于是，我开始以这种方式不断地创造系统收入。我现在有很多系统收入，有每个月进账 100 多万韩元的，也有每个月进账 2 万韩元的。可能你会问："一个月 2 万韩元，你拿它能干什么呢？"但是一旦你创建了它，就会得到源源不断的资金流入。当然，即使是每小时工资 2 万韩元，你也不可能每天工作 30 个小时，但是你可以拥有 300 个系统资产，而不仅仅是 30 个，如果每一个的系统收入都是 2 万韩元的话，加起来可就不少了。假设你每个月都能得到一个 2 万韩元的系统收入，那么一年就是 12 个，十年就是 120 个。120 个的话，每一个月就有 240 万韩元（约人民币 12 万元）！如此持续增长的结果就是，现在我的系统收入已经超过了我的生计费用。

现在我是富人啦！

◆ 成为真正的富人，做自己人生的主人

表面上看，一个人变成了富人也不会有什么改变。还是像我在序言中说的那样，没有房子，也没有豪车，身上也没有名牌衣物，

更不会在酒店的西餐厅里解决一日三餐，反而是我活成了别人眼中的无业游民爸爸。我每天接送孩子上幼儿园，白天就坐在咖啡店看看书，还会在游乐场陪孩子玩耍，周围的人都会小心翼翼地问我妻子："你老公是干什么的啊？"

我的妻子回答说我是个会计师，但是事实上我目前从事的工作中，并没有会计的任何业务。我已经很久不做会计的审计、记账、税务调整等方面的工作了。与其说是会计师，还不如说我是个自由职业者。妻子提醒我在小区里闲逛的时候在穿着上稍微注意点儿，但是我觉得这根本不是什么重要的事。其实，说我是小区里的无业游民爸爸也是没错的。倒是在我还不是富人的时候，因为忙着赚钱，总是穿得西装革履，看起来像是很有钱的样子，而现在看起来却显得很没钱。

成为富人之后，其实真正改变的并不是我的外表，而是其他的东西。与四年前相比，我的劳动所得减少了60%以上。即使是加上系统收入的总收入，也比之前减少了将近30%。但是，四年前我还不是个富人，而现在我是个富人了。因为四年前我的系统收入为零，而现在我的系统收入已经超过了生计费用。这就是即使没有房子，也没有豪车，但我可以说自己是个富人的理由。

虽然比原来工作挣的钱减少了一半多，但我的实际生活却变得更加宽裕。通过劳动挣钱的时间投入也比四年前减少了70%以上。无论什么时候，只要我愿意，可以随时离开首尔，即使是在国外待上一两个月甚至一年，也不会对生计造成太大的影响。我再也不用为了赚钱而必须去做些什么。不过才四十多岁的年纪，我也不能整天去敬老院和老人们下象棋，我想我得尝试着做点儿更有意思的事情。

这本书出版的时候,我可能已经在济州岛生活了。当我说要在济州岛买块地,然后去那里生活时,周围的人都这样问我:"你去济州岛靠什么生活?"

我想当你读到这里时,就不会问同样的问题了,你是不是已经知道答案了呢:"就是系统收入!"

当系统收入超过了生计费用,完成了致富公式,我就不会受到生活地点的限制了。当然,也有很多人担心因为无法在济州岛定居而不得不再回来,如果生活了几年之后,我改变了想法,也可以搬到其他地方去。我可以再回到首尔,也可以移民到海外去寻找更温暖的地方,只要记着系统收入的存折账户就可以了。

成为富人的真正好处是,我可以去做自己真心想做的事情了。以前不管有什么心动的事情,或者特别想做的事情,我总是会先担心一件事——我能靠它生活吗?

生活的温饱之忧已经通过系统收入解决了,现在我真的可以去做自己想做的事情了。即使那份工作一个月只能赚100万韩元,不,10万韩元也可以的。反正就算赚不到钱,我也有维持生计的系统收入,钱不是问题。现在我唯一关心的是做这件事有多快乐和多有意义。

最近和孩子一起玩桌游,我就想尝试着去做一款可以教孩子致富公式的桌游,也许会很有趣。听到这个,或许有人会问:"做桌游能赚多少钱?你能靠它生活吗?"

对我而言,这个问题已经没有任何意义了,我已经成了自己人生的真正主人!

第八章

创造被动收入，迈向财富自由

💎 想要富起来，千万别只靠工资

前面我们通过"致富练习12"和"致富练习13"记录了系统收入和生计费用，你的系统收入是否足以支付你的生计费用呢？我想大多数阅读此书的读者大概和几年前的我一样——系统收入为零！

我并不否认工薪阶层能成为富人，工薪阶层也完全可以发家致富。不过，我想通过致富公式传达的信息是：光靠"工资"是成不了富人的！

只有攒下工资来建立起系统资产，并从中获得系统收入，才能成为富人。如果你一直只靠工资，那么你会一直工作到生命的最后一刻。实际上，光靠工资就成为富人也不是没有可能，只要年薪足够高就可以了。如果一直攒钱，攒到退休的工资足够花到人生最后一刻，那是不是也算富人呢？

假设一个体育运动员在20年的职业生涯中，年薪一直为5亿韩元，每年能攒2亿韩元。当然，很少有体育项目能有20年的职业生涯，也很少有哪个选手在这20年间平均年薪能达到5亿韩元。即使年薪达到 5 亿韩元，除去税费和四大保险，实际到手也只剩 3 亿韩元左右，所以一年要攒下 2 亿韩元可并不是一件容易的事情。不管怎么说，如果从 20 岁开始职业生涯，到 40 岁攒了 40 亿韩元，那么之后即使每一年花 1 亿韩元，也能花 40 年。也就是说，在 80 岁之前，仅凭着之前的劳动所得就可以生活无忧。但是，这种情况是在年薪 5 亿韩元，20 年一共能得到 100 亿韩元的前提下才能够实现。

这不适用于你！

大多数人都希望能在退休后享受悠闲自得的生活，因此大部分人理财的目标，也是锁定在退休以后的。金融机构或是理财规划师制订的理财计划，大部分是根据退休后的养老资金需求设定的。随着百岁时代的到来，他们会计算出退休后需要多少养老资金，再计算出要想筹集这些资金，从现在开始要积攒多少，然后再推荐合适的方案。在你不是高薪职业运动员的前提下，让我们来大致计算一下：退休后需要多少养老资金？你是否可以仅凭劳动所得就实现养老呢？

韩国社会保健福利部《2019 年 OECD 保健统计年鉴》数据资料显示，韩国人的预期寿命是 82.7 岁。但是这个预期寿命是针对 2019 年出生的新生儿做出的预估，对于目前大多数韩国人来说并不适用，因为预期寿命会稍短一些，大概是 80 岁。

那么预计退休年龄是多少岁呢？三星人寿退休研究所每两年会发布一次退休白皮书。根据多家媒体援引该白皮书内容可知，韩国人的预计退休年龄是 65 岁，而实际退休年龄是 57 岁。这其中有一半以上是非自愿的提前退休，比如因为健康问题（33%）和劝退（24%）等原因不得不退休。根据调查，退休后每月所需的最低生活费为 198 万韩元（约人民币 9,900 元），如果想要过上心中向往的悠闲自得的生活，则需要 290 万韩元（约人民币 1.45 万元）。

综合以上两份资料数据，如果你在 57 岁时退休，能活到 80 岁，那么还有 23 年的退休生活。而这 23 年的最低生活费是 198 万韩元 ×12 个月 ×23 年 =5.4648 亿韩元（约人民币 273 万元）。如果你现在的年龄是 30 岁，那么在预计退休年龄前的 28 年里，你必须要每年积攒 1,952 万韩元（约人民币 9.86 万元），这样，你才能仅凭劳动所得维持退休后的生活。当然，这还是以最低生活费计算的。如果你想在退休后过上悠然自得的生活，则需要 8.004 亿韩元（约人民币 400 万元），即在 28 年的时间里，每年要积攒 2,859 万韩元（约人民币 14.3 万元）（见表 8-1），每个月就要攒下 238 万韩元（约人民币 1.2 万元）！

表 8-1 预备养老金规划

	最低生活费用水平	宽裕的生活水平
所需金额	5.4648亿韩元	8.004亿韩元
工作期限	28年	28年
每年所需积累金额	1,952万韩元	2,859万韩元

根据韩国统计厅的家庭金融福利调查，韩国家庭按收入数额被分为 5 个等级，以 2018 年为例，第 3 级收入水平的家庭，平均收入为 4,464 万韩元（约人民币 22.3 万元）。为了保障最低生活水平的养老生活，每年要积攒 1,952 万韩元，那么每年就只能支出 2,512 万韩元（约人民币 12.6 万元）用于日常生活，相当于每个月只能支出

209万韩元（约人民币1.05万元）。实际上，第3级收入水平的家庭，其年消费支出为2,459万韩元（约人民币12.3万元），因此这是有可能实现的。然而，家庭的支出并不只这些，还有其他非消费支出，比如税金、公共年金、社会保险费、给父母的零用钱、红白事的礼金、利息费用等，共计712万韩元（约人民币3.6万元）。因此，每个家庭最终每年可以积攒下来或是可以用于投资的金额实际上只有1,293万韩元（约人民币6.5万元，4,464万韩元 - 2,459万韩元 - 712万韩元）。

如果想要在退休以后过上怡然自得的晚年生活，每一年就得攒下2,859万韩元（约人民币14.3万元），那就意味着每年只能靠1605万韩元（约人民币8万元，4,464万韩元 - 2,859万韩元）生活。也就是说，每个月只能花134万韩元（约人民币6,700元），为了养老而攒钱的生活，可真不容易。

让我们来看一下表8-2。如果你的收入是排在第3级的4,464万韩元，那么你很难在退休前攒下养老所需的钱。只有达到第4级的6,825万韩元（约人民币34.1万元）收入，才能攒够养老的最低水平生活费，而当收入达到第5级的1.3521亿韩元（约人民币67.6万元），你才可以过上悠然自得的退休生活。但即使你是属于第5级的收入状况，也不能掉以轻心，因为我们现在的假设是，你可以努力工作到57岁后再退休。此外，我们计算的是每年积攒2,859万韩元，并连续积攒28年。也就是说，从30岁到57岁的年平均收入必须超过1亿韩元。

表 8-2 各级收入水平的家庭收支状况

（单位：万韩元）

收入等级	第1级	第2级	第3级	第4级	第5级
户主年龄	65.7岁	55.1岁	51.4岁	50.0岁	50.7岁
一般收入	1,057	2,655	4,464	6,825	13,521
消费支出	1,006	1,787	2,459	3,165	4,580
非消费支出	141	388	712	1,126	2,817
差额	-90	480	1,293	2,534	6,124
预存养老金 最低生活费标准（1,952万韩元）	×	×	×	○	○
预存养老金 宽裕生活费标准（2,859万韩元）	×	×	×	×	○

一个好消息是，前面我们计算的非消费支出中包含作为公共年金的国民养老金，国民养老金的领取额可以从退休后的生活费中扣除。根据韩联社 2019 年 10 月 22 日的报道，国民养老金（老龄年金）领取者的平均年金金额为每月 52.3 万韩元（约人民币 2,615 元）。虽然每年必须积攒的金额减少了 500 万韩元左右，但还是远远不能达到让所有国民都成为富人的水平。

各种统计数值的出现，使得计算也变得越发复杂，但用一句话概括就是：放弃靠努力攒工资而成为富人的念头吧！

💎 只存钱，你会"越存越穷"

现在已经没有人会把每个月剩下的钱放到地板下，一直藏到老了再用了吧，因为把钱存到银行可以享受利滚利，这样就能攒到更多的钱了。但是，所需的养老资金也在不断增加。伴随着通货膨胀，养老资金也会以复利的形式增加。根据2018年韩国统计厅的数据显示，消费物价上涨率为1.5%，韩国银行基准利率为1.5%~1.75%。考虑到这一点，即使你把钱存在银行里，情况也不会有太大的改善。

把钱存入银行产生的利息也是系统收入。就算你什么事情都不做，也会定期获得一笔收入。但正如前面我们所指出的，这里存在一个致命的问题——利率太低了！

在我写下这些文字的2019年10月，韩国央行已将基准利率下调到了1.25%。在提供利率比较的Moneta网站（moneta.co.kr）上查看各个银行的存款利率，你会发现，最高存款利率也只有1.8%。只有线下到储蓄银行[1]存款才能享受2.7%的利率。如果不考虑利息支付方式和税金，想要获得每个月100万韩元利息的系统收入，一般银行和储蓄银行所需要的存款分别为6.6666亿韩元（约人民币333.33万元）和4.4444亿韩元（约人民币222.22万元）。如果想要获得每个月300万韩元利息的系统收入，就需要在银行存20亿韩元（如果考虑到利息收入的税金，则需要存入更多的钱）。假设一个

---

1 储蓄银行：在韩国，储蓄银行主要开展储蓄业务，存款利率相对其他一般银行较高。

人的生计费用是每个月 300 万韩元，那么如果能攒到 20 亿韩元，就可以放心地存入银行"吃"利息了。

表 8-3 按照利率和系统收入目标计算的所需存款金额

（单位：韩元，%）

系统收入 \ 利率	1.8	2.7
1,000,000	666,666,667	444,444,444
2,000,000	1,333,333,333	888,888,889
3,000,000	2,000,000,000	1,333,333,333

如果你有足够多的资金，存进银行"吃"利息也不失为一个好的选择。对于极度讨厌风险的人来说，哪里还有像银行利息一样安全的系统收入呢？根据 2019 年 10 月国政监查报告中的数据资料显示，韩国 100 亿韩元以上的存款账户有 779 个（《今日新闻》，2019 年 10 月 13 日报道）。当然，我很想知道在这 779 人中，会不会有人读到这本书呢？

如果你打算从现在开始积攒 20 亿韩元，成为富人，需要多长时间呢？如果一年攒 1 个亿，需要 20 年，平均一个月需要存入 8,333,333 韩元（约人民币 4.17 万元）。如果一个月攒 300 万韩元，需要 55 年；如果一个月只能攒 100 万韩元，则需要 166 年。

有生之年恐怕不可能实现了，经历过的人都知道，一个月存 100 万韩元有多么难。如果只依靠存款利息，对大多数在读这本书的读者来说，可以放弃成为富人了，成为"YOLO族[1]"享受生活才是明智的选择。

想凭借储蓄存款成为富人，只有在银行存款利率为10%左右的时候才有可能实现。20世纪80年代，与物价上涨率相比，银行利率高出近2倍。在这种情况下，人们可以通过复利效应成为富人。可是现在的利率已经降到1%左右了，我们必须要改变想法了。除非你已经积攒了相当可观的资金，否则银行利息绝对不是值得推荐的系统收入。

如前所述，也正因如此，我将存款归类为预存资产，而非系统资产。考虑到通货膨胀带来的物价上涨率，存款利息肯定算不上是好资产。

尽管如此，还是有相当多的人把存款作为资产配置的首选方式。根据前面提到的《今日新闻》的报道，18家商业银行持有的个人客户存款总额共计623万亿韩元（约人民币3.3万亿元）。是不是仅仅因为规避风险就放弃成为富人了呢？如果你不能每年存入1亿韩元，你就必须寻找其他成为富人的方法，即使要承担一定的风险。

◈ 收益率6%的魔法

计算出平均寿命和退休时间，推算出生活所需的养老资金，再以此计算每年每月要积攒多少钱的方法是相当复杂的。更何况人生

---

[1] YOLO族：指的是把及时行乐奉为信条的一群人。YOLO是英语"you only live once"每个单词首字母的缩写，意思是"你只活一次"。

也不可能一一按照计划来展开。我们既不能保证自己一定会工作到57岁，也不能确定自己只活到80岁。如果"运气不好"，一下子活到了100岁，那么剩下的20年要用哪里来的钱生活下去呢？

最好的办法就是创造系统收入。我们假设与三星人寿退休研究所的调查结果相似，退休后的养老最低生活费是每月200万韩元，若是想要过上经济宽裕的悠闲生活则每月需要300万韩元。那么，你只需要创造出与之相应的系统收入就可以了。只要系统收入可观，什么时候退休都无所谓，也不用担心退休年龄的问题。即使活得比预想的还要长久，也能够充分地享受生命。如果你有一个系统资产，可以收获6%的收益率，那么4亿韩元就可以让你摆脱养老之忧（如表8-4所示）。如果是8%的收益率，则只需3亿韩元。如果你想成为可以享受悠闲晚年生活的富人，6亿韩元和4.5亿韩元（约人民币250万元）就能让你实现。

表8-4 按照收益率和系统收入目标计算的所需系统资产金额

（单位：韩元，%）

收益率 系统收入	1.8	2.7	6	8
2,000,000	1,333,333,333	888,888,889	400,000,000	300,000,000
3,000,000	2,000,000,000	1,333,333,333	600,000,000	450,000,000

你可能会问：哪里有6%的资产收益呢？确实有，只要你有勇气，并做好承担一点风险的准备，6%左右的预期收益是完全可以获得的。如果你成功地找到了一个收益率为6%或者8%的系统资产，让我们来看看会有什么样的结果吧。其他的还是保持不变，

只是将资产的收益率从银行利率变更为 6% 或 8% 就可以了。就拿前面我们说过的第 3 级收入水平的家庭来看，月收入为 4,464 万韩元的家庭，扣除 2,459 万韩元的消费支出和 712 万韩元的非消费支出，每年可以积攒 1,293 万韩元。如果每个月存 100 万韩元，就只剩下 93 万韩元（约人民币 4650 元）。那么，如果你每个月投入 100 万韩元进行系统资产的投资，根据收益率和期限，将会产生多少系统资产呢？

结果就如表 8-5 所示。当收益率为银行利率 1.8% 时，要想获得 200 万韩元的系统收入，需要系统资产 1,333,333,333 韩元（约人民币 666.66 万元）。如果每个月投资 100 万韩元的系统资产，以 1.8% 的速度获得收益，大约需要 62 年才能得到想要的结果。也就是说，要工作 62 年才能退休。如果按照储蓄银行的利率 2.7% 计算，则需要 41 年。

但是，如果收益率达到 6%，周期一下子就缩短到了 19 年。也就是说，即使你 30 岁才开始职场生活，到了 48 岁就可以退休了。如果收益率为 8%，那么在你 43 岁的时候就可以退休了。如果你想要获得每个月 300 万韩元的系统收入，享受经济宽裕的养老生活，分别再多上 5 年和 4 年的班就可以实现了。想要创造每个月 300 万韩元的系统收入，靠银行利息需要 78 年；如果收益率是 6%，就可以缩短到 24 年，比之前减少了 50 多年。这就相当于你赚了 50 年的时间，而这 50 年本应该是去工作的。

表 8–5 每个月 100 万韩元年金的未来价值

（单位：韩元，%）

收益率 年（月）	1.8	2.7	6	8
1（12）	12,099,497	12,149,619	12,335,562	12,449,926
2（24）	24,418,590	24,631,369	25,431,955	25,933,190
3（36）	36,961,266	37,454,327	39,336,105	40,535,558
4（48）	49,731,581	50,627,822	54,097,832	56,349,915
5（60）	62,733,669	64,161,436	69,770,031	73,476,856
6（72）	75,971,734	78,065,014	86,408,856	92,025,325
7（84）	89,450,060	92,348,669	104,073,927	112,113,308
8（96）	103,173,008	107,022,791	122,828,542	133,868,583
9（108）	117,145,017	122,098,054	142,739,900	157,429,535
10（120）	131,370,607	137,585,424	163,879,347	182,946,035
11（132）	145,854,381	153,496,168	186,322,629	210,580,392
12（144）	160,601,025	169,841,857	210,150,163	240,508,387
13（156）	175,615,309	186,634,383	235,447,328	272,920,390
14（168）	190,902,091	203,885,960	262,304,766	308,022,574
15（180）	206,466,316	221,609,137	290,818,712	346,038,222
16（192）	222,313,021	239,816,807	321,091,337	387,209,149
17（204）	238,447,331	258,522,213	353,231,110	431,797,244
18（216）	254,874,467	277,738,962	387,353,194	480,086,128
19（228）	271,599,743	297,481,032	423,579,854	532,382,966
20（240）	288,628,570	317,762,784	462,040,895	589,020,416
21（252）	305,966,457	338,598,972	502,874,129	650,358,746
22（264）	323,619,014	360,004,751	546,225,867	716,788,127
23（276）	341,591,951	381,995,692	592,251,446	788,731,114
24（288）	359,891,084	404,587,791	641,115,782	866,645,333
25（300）	378,522,332	427,797,483	692,993,962	951,026,395
41（492）	727,061,018	898,448,598	2,126,657,088	3,793,209,686
62（744）	1,366,711,900	1,921,528,556	7,976,735,369	20,889,882,358

表 8-6 实现系统收入目标需要投入的资金和时间

（单位：韩元，%）

收益率 系统收入	1.8	2.7	6	8
2,000,000 （实现时间）	1,333,333,333 （62年）	888,888,889 （41年）	400,000,000 （19年）	300,000,000 （14年）
3,000,000 （实现时间）	2,000,000,000 （78年）	1,333,333,333 （52年）	600,000,000 （24年）	450,000,000 （18年）

好像又被赋予了一次生命，人生就像活了两次一样！

以 1.8% 的收益率，在 19 年的时间内想要攒到目标金额 1,333,333,333 韩元，每个月要存 500 万韩元。当然，要实现 6% 的收益率并非一件简单的事情，但这总比把每个月储蓄的金额增加 5 倍，即每个月要存入 500 万韩元来得容易得多。正常收入在 1.3521 亿韩元的第 5 级的家庭每年可以攒下 6,124 万韩元（约人民币 30.62 万元），如果按月计算，每个月可以攒下大概 500 万韩元。也就是说，年薪 1.3521 亿韩元的人，把钱存入银行，和年薪 4,464 万韩元的人，其投资收益率为 6%，两者是同一水平的富人。

要成为富人，年薪的差异并不是那么重要。

重要的是，如何创造出能够赚取 6% 或者 8% 收益率的系统资产。如果你每个月能多节省 50 万韩元，每个月投入 150 万韩元，那么退休时间就分别可以缩短为 15 年和 11 年。如果能把职业生涯缩短到 15 年或是 11 年，那么每个月多节省 50 万韩元不是很值得一试吗？这也就是"FIRE 一族[1]"出现的根本原因，他们倡导从 20 多岁开始极端节约，梦想在 40 岁左右退休。

如果不是在 60 岁的时候退休，而是在 40 岁的时候退休，就会觉得这样会需要更多的养老资金。从资产的角度来看，可能会是如此。与在 60 岁退休活到 80 岁的 20 年养老生活所需的资金相比，如果 40 岁退休，再生活 40 年，所需资金将是其两倍之多。但是，请再好好想一想吧，我们创造的可是能为我们赚钱的系统资产。40 岁时构建的系统资产比 60 岁时构建的系统资产带来的系统收入要多得多，而且持续时间也更长。一旦建立起了系统资产，就会持续不断地产生系统收入，所以，即使退休后的养老时间延长也没有关系。

但是有一点需要进一步考虑。如果你是在年轻的时候退休，生计费用可能会增加。特别是如果你有了家庭和子女，随着孩子们长大，你需要支出更多的钱。如果是 60 岁退休，子女们大都长大成人，独立生活了，抚养费用就不会增加了，但如果是 40 岁退休，随着抚养费用的增加，就需要更多的生计费用了。但这也没什么可担心的。就算是 40 岁退休，你真的会什么都不做，只顾着玩吗？

在 40 多岁时实现财富自由的大多数人，一般都不会停止经济活动。如果只是在公园里下棋，度过余生的 40 年，这样的人生也未免太无聊了吧。即使没有必要去赚钱了，人们也会去寻找一些有趣又有意义的事情。就是不管钱多钱少，只做自己觉得快乐的事。因为你已经具备了系统收入，所以即使拿着最低的工资，也可以尽情享受你喜欢的工作所带来的乐趣。也就是说，可以做自己真正想做

---

[1] FIRE 一族：FIRE 是 "Financial Independence Retire Early" 的首字母缩写，指追求财务独立、提前退休的人。

的神圣劳动。而且如果你工作得非常开心愉快,那么你很有可能在那个领域取得成功,会赚到更多的钱也说不定。不是有这样的说法吗?"努力者赢不了享受者。"

要是在过去,这句话并不容易被接受,只要享受其中就能打败努力的人吗?通常发展到了一定阶段,就会迎来需要痛苦努力的区间,真的能一直享受到最后吗?但是,当你建立了系统收入的概念,越接近财富自由时,自然而然地就会理解了(虽然本来不是这个意思)。

假设一个人每月最少要给家里补贴300万韩元,为此他咬紧牙关努力工作,而另一个人只要给家里100万韩元就可以享受工作,两人竞争,谁会赢呢?我们都希望前者赢,但大部分情况下,都是后者赢。虽然很可惜,但这是事实。同样的,如果一个社区里的咖啡店如雨后春笋般出现,竞争加剧,最终谁能生存下来呢?

只有业主开的咖啡店才能生存下来!

业主开的咖啡店因为没有租金,完全可以进行价格竞争。业主只要能赚得买咖啡豆的钱和劳务费就可以了,而普通的咖啡店老板还要把咖啡店的租金赚出来。这样的两个人,能公平竞争吗?

同样的,一个有系统收入,每个月只需要多赚100万韩元的人,与一个为了生计每个月最少要赚300万韩元的人进行竞争,前者肯定是会获胜的。甚至如果前者将这多赚的100万韩元也创建成为系统资产,就会以更快的速度成为富人。如此一来,致富的速度再加上利滚利的加速度,那就真的是以惊人的速度成为富人了。

最终你不得不成为一个富人。

致富练习

存到目标金额需要多久呢?

根据收益率,如何计算你需要多长时间才能积累到你的目标金额呢?使用 Excel 表格,你就可以很轻松地算出来。Excel 中有使财务计算变得很简单的财务函数,只要利用其中与年金相关的函数就可以了。

有关年金函数的术语(缩写)整理如下:

函数	意义
RATE	利率或收益率
PMT	Payment,支付额
NPER	Number of PERiods,付款次数或期间数
PV	Present Value,现值(当前价值)
FV	Future Value,终值(未来价值)
TYPE	选择付款时间是在期初还是期末,省略不输入或是输入0则表示期末(月末)付款,输入1则表示期初(月初)付款。

我们想知道的是积攒到目标金额所需要的时间,可以用 NPER 函数来计算。NPER 函数的用法如下所示:

NPER(rate, pmt, pv,[fv],[type])

例如，假设每年存入 10 万韩元，利率为 10%，想求得什么时候能达到 100 万韩元，需要输入以下参数：

> RATE（利率）=10%
>
> PMT（支付额）=（﹣）100,000
>
> PV（当前余额）=0
>
> FV（未来目标金额）=1,000,000

在 Excel 中输入参数，如下所示：

> =NPER（10%，-100000，0，1000000）

然后就会得到结果为 7.272541 年，如下图所示。每年存 10 万韩元，存入 7 次之后，在第 7 年的第 100 天就能达到 100 万韩元。

	A	B	C	D	E	F	G
	A1			f_x	=NPER(10%,-100000,0,1000000)		
1	7.272541						

那么，按照前文所述，每个月投资 100 万韩元的系统资产，以 6% 的收益率来计算的话，要达到 200 万韩元的系统收入需要多长时间呢？如果你是按月支付，收益率就变成了每个月 0.5%，而不是每年 6%。你的目标是每个月获得 200 万韩元的系统收入，每年获得

2400万韩元的系统收入,收益率为6%,因此目标金额为24,000,000韩元÷6%=400,000,000韩元。所以你需要输入的参数是:

> RATE(收益率)=6%/12=0.5%
> PMT(支付额)=(–)1,000,000
> PV(当前余额)=0
> FV(未来目标金额)=400,000,000

将以上参数代入 NPER 函数,可以得到如下结果:

	A	B	C	D	E	F	G
	A1		fx	=NPER(6%/12,-1000000,0,400000000)			
1	220.2713						

大约需要220个月,也就是18年4个月。

第九章

持续增加系统收入，加速财富累积

◆ 人人都能创造系统收入

让我们再来看看第三个致富公式吧。

> 富人的条件：系统收入 > 生计费用

在致富公式中，成为富人的方法就只有两种：一种是增加系统收入，另一种是减少生计费用。在这两种方法中，我更偏爱的是增加系统收入，因为通过削减开支来降低生计费用是很痛苦的，要省着，又要忍着，但是增加系统收入是很有意思的事情。看着系统收入一点点增加，那感觉让人兴奋，就像是看着在游戏中培养的角色逐步升级一样。

我不认为任何人都能效仿我创造系统收入的方法。正如前文所述，我有很多种形式的系统收入，其中有一部分是大部分人都能效仿的，但是在我的系统收入中，比重最大的部分来自无形资产的系统收入。我把十多年讲授的课堂知识转移到书本上，从而获得了版税；还将线下授课的内容转移到线上平台，从而获得了课时费，这两项都属于系统收入。可是总不能让所有人都去写书或讲课吧，因此，有的人可能会这样质问我："**你有专业知识，当然可以用它来创造系统收入，可我们不是没有办法吗？**"

我不会谎称任何人都能轻易成为富人，因为创造系统收入并不容易，但这也并不是不可能的事情，不是只有具备专业知识的人才能做到。相反，从事专业工作并不利于创造系统收入。如果自己意识不到这一点，高收入的专业人士反而会活成高收入的奴隶。如果你的工作时薪为 50 万韩元，你还有必要非去做什么系统收入吗？不管什么时候，只要一天工作 8 个小时就有 400 万韩元的收入，谁还会去不辞辛苦地到处寻找其他的赚钱手段呢？

我看过一部叫作《失落的房间》（*The Lost Room*）的美国电视剧。在剧中，有一个神秘的汽车旅馆房间，当你把这个房间里的物品带到屋外时，每一个物品都会具有超自然能力。例如，梳子具有了暂停时间的能力，用这把梳子梳头时，时间就会停止 10 秒钟，梳头者却可以在这段时间里活动。以这样的方式，各种物品都具有各自不同的超能力，其中和铅笔有关的超能力很是有趣。

用这支铅笔在桌子上一敲，就有钱跳出来，每敲一下就跳出来 1 美分，这简直就是魔法棒啊。那么，拥有了这支铅笔的人会怎么样呢？如果需要钱，只要敲一下铅笔就可以了，他生活在世上该有多舒心啊。是不是太梦幻了？感觉就像拥有了整个世界。

但是，拥有那支铅笔六个月后，主人就疯了。因为只要一敲铅笔就会有钱跳出来，所以他没日没夜地敲着铅笔，最后整个人都疯掉了。敲一次铅笔能得到 1 美分硬币，换算过来大约是 10 韩元。每 1 秒钟敲一次，1 分钟后就有 600 韩元（约人民币 3 元），

10 分钟后就有 6,000 韩元（约人民币 30 元）。每 1 个小时休息 10 分钟，那么 50 分钟后就有 3 万韩元（约人民币 150 元）。仔细想想看，这个人只不过是得到了一个时薪 3 万韩元的工作。虽然这不是一个小数目，但是一天工作 8 个小时的日薪是 24 万韩元（约人民币 1,200 元），而工作 20 天的月薪是 480 万韩元（约人民币 2.4 万元）。

虽然这不是一份很糟糕的工作，但这样真的算是拥有了整个世界吗？如果那个铅笔的主人最终发现自己得到的只是一份时薪 3 万韩元的工作，他还会整天拼命地去敲铅笔，以至于在六个月后陷入疯狂吗？他成了铅笔的奴隶，同理，专业人士们就像是只要一敲铅笔就有收入的人，大概率也会成为高收入的奴隶。如果说他们之间是有区别的，那么区别就在于专业人士得到的不是 1 美分，而是更大面值的硬币。事实上，在我们周围真正获得财富自由的人，大多数都是普通的工薪阶层。因为他们更早地意识到了这样下去不行，所以早早地从劳动所得的陷阱中走出来了。

如果陷阱里有丰富的食物，你还会想逃脱吗？

从现在开始，我们将逐一查看我们可以创造的系统收入。这其中有的是我亲身经历和实践过的，也有的只是目前学习和计划而没有实践过的。因为最讨厌"自己没做过，只是嘴上说说而已"，所以在这里还是非常谨慎地推荐给大家。为了那些刚开始关注系统收入的人，我只是想介绍哪些方法是可行的，并希望你们在这之中选择适合自己现实条件和意愿的方法，再去进一步学习。希望有一天我也能学到你们建立系统收入的方法，我期待这一天早日到来。

◇ **创造房产租赁收入**

在全世界范围内广为人知的，也是我们周围的富人使用最多并获得成功的方法就是房地产投资。每个月源源不断的租赁收入就是系统收入。如果将房地产作为可以创造系统收入的系统资产来进行介绍，大多数人的反应都会是："这谁不知道呢？但是没钱买房呀。"

我以前也是这么想的，也正是因为如此，我才没有好好了解，更没有想过去学习。我想在筹集到1亿~2亿韩元的种子资金后，再开始了解也不晚。

但现在我很后悔没有早点儿开始学习。

从投资房地产的实际事例来看，也有很多人是没有巨额资金就进行了投资的。还有所谓的"无本投资"，即不花任何自有的资金就取得了房产，甚至还有收到钱购买房产的"返本投资"。当然，这些情况并不常见，最近政府对房地产的限制政策也使得这些情况变得更加困难，而且这也与我们的系统资产目标相去甚远。但是，如果想要打破"房地产投资一定需要有巨额资金才能实现"的偏见，这确实是很好的实例。千万不要茫然地说："哎呀，哪有什么是可以免费得到的？"这就等于事先在你的心里建起了一堵墙。我们追求系统收入的最终目的不就是要"不劳而获"吗？

利用前面我们提到过的无息负债，就可以用少量的钱进行房地产投资。只要好好利用我们韩国独有的全租制度，即使用少量的钱也可以进行房地产投资。

简单地举个例子，假设你有一套3亿韩元的公寓，如果该公寓的全租保证金为 2.4 亿韩元（约人民币 1,200 万元），那么你所需的投资金额（净资产）即为 6,000 万韩元。如果可以从银行贷款 6,000 万韩元，最终你将不用花一分钱就可以购买一套价值 3 亿韩元的公寓。当全租保证金占到整个房产交易价格的 80% 以上时，虽然很难获得银行贷款，但也不是完全不可能。

报纸上就曾出现过这样的报道："再开发、重建的新公寓，不能用租房贷款的方法。"

这是韩国《朝鲜商务》2019 年 9 月 28 日一则报道的标题。这篇报道中称，再开发、重建的新建公寓中如果不仅有全租租房者，还同时有住宅担保贷款的，银行将收回这些贷款。这是针对那些恶意利用房产登记之前无法得知租客现状的人而采取的措施。那么反过来理解，也就是说到目前为止，这种方法是可行的。依靠存款利息生活着的人们，会认为这是走捷径的小聪明，被抓也是应该的。但是使用过这种方法的人们会说："这个方法被禁止了吗？那就再找其他的方法好了。"然后他们还会找出其他的赚钱方法。想要成为富人，你就需要开阔眼界，千万不要对金钱抱有偏见。

为什么会出现"空罐全租"的说法呢？当住宅担保贷款与全租保证金之和超过房价时就被称为"空罐全租"，反过来想的话就是不用花大钱就可以购买房子。一般人说到房地产投资，只会想到自己买房子安家。买房子自己住，然后还盼着房地产涨价。

"自己住的房子都没有，还租给别人？"

首先你要摆脱这个想法。如果是要买自己住的房子，那么需要很多自己的资本。但是，如果不是自己住的房子，你就可以利用全租保证金这种无息负债，用很少的钱就能投资房产。下面来介绍一下我认识的一个人（方便起见，我把他称为 A）的案例。有一天，A 遇到了在公共机关工作的一个朋友，问到其近况时，得知因为单位要搬迁，他正在找出租房，但是交易价格为 1 亿韩元的公寓，其全租保证金已经涨到了 9,000 万韩元（约人民币 45 万元）了，为此他感到很不安。因为，就算交易价格只下跌 1,000 万韩元，这房子就有可能成为无法收回保证金的"空罐全租"了。他的情况确实很让人担心，可是在回来的路上，A 突然有了这样的想法："也就是说，1,000 万韩元就能买一套公寓啦？"

从那时起，A 就对此产生了兴趣，他每个周末都会去实地考察房地产现场的活动，打听消息。他朋友的单位预计迁移的地区租赁需求剧增，但是交易价格并没有变化，因此可以用较少的资金进行 GAP 投资（差额投资）。于是，他用已有的 1,000 万韩元购买了一套公寓，然后又追加了 3,000 万韩元的信用贷款，在几个月内一共购买了四套公寓。此后，只要单位一发奖金或是有了闲钱，他就会继续购买。等到全租房到期后，他就会提高租金，然后再买一套房子。只要全租保证金提高 1,000 万韩元，就能又增加一套公寓。

就这样，A 以 1,000 万韩元的自有资金开始投资房地产，几年后，他拥有了十多套公寓。怎么样，你还认为房地产是要有一大笔钱才能进行的投资吗？但是这种方式的 GAP 投资不是我们的系统资产目标，而是投资资产。当房产价格上涨时，少量投资回报较高，反之，如果价格下跌，则可能会损失惨重。这是要具备对房价上涨的信心，以及懂得看房地产行情的眼光和经验才能进行的投资方式。即便如此，如果最终目标是成为"只收租金的房东"，那么还是建议你从利用这些微薄的资金来开始投资。在没有房地产投资经验的情况下，如果买入的第一个项目就是价值数十亿韩元的楼盘，那么投资成功的概率就会很低。

除了利用全租保证金的GAP投资之外，还有没有可以用少量资金购买用于月租的房地产的方法呢？如果收取全租保证金，虽然可以用少量的钱进行投资，但是就无法收取能成为系统收入的月租了。另一方面，如果你想拿到月租，就必须降低保证金，所以就必须投入自己已有的资金。是否还有不投入巨额投资也能收取月租的方法呢？的确有，但要承担一定的风险和辛苦。就是利用房地产拍卖，只要选对了拍卖的房产，就能以比市价低得多的价格购买，而且有时候不用花自己的钱就能获得月租收入。

让我们来看看B通过房地产拍卖创造财富的例子吧。韩国首都圈之外的地方有一处别墅拍卖，鉴定价4,000万韩元的房子经多次流拍，最低出价跌至1,638万韩元（约人民币8.19万元）。通过对附近的房地产租赁市价进行调查后，B判断该房产出租保证金为200万韩元，月租为20万韩元。B以1,800万韩元的价格拍下了这个别墅，由于竞拍成功，余款可以贷款，因此还能以5%的利率贷出中标总价的80%款项，即1,440万韩元。

中标价格1,800万韩元，除去贷款1,440万韩元，还有360万韩元。此别墅月租保证金是200万韩元，所以B的投资金额为160万韩元。再加上购置税和法务费用等共花费了180万韩元左右，因此最终的净投资金额为340万韩元（约人民币1.7万元）左右。月租为20万韩元，贷款的利息是每个月6万韩元，减去利息后的系统收入就是每个月14万韩元（约人民币700元），折合一年就是168万韩元（约人民币8,400元），而总共投资了340万韩元，其投资回报率高达 49%。

当然，根据中标金额的不同，收益率也会有所不同，这种情况不可能经常有，而且还有法律风险。如果不好好学习，没有积累足够的经验，就可能会吃大亏或是吃尽苦头，这就是房地产拍卖。如果如此辛苦，最终收益只是每个月 14 万韩元的话，也会让人感觉白忙活了。然而，49% 确实是一个巨大的回报率。如果是我，宁愿将 340 万韩元当作学费，也想学习一次房地产拍卖投资。虽然每个月 14 万韩元的收益很少，但是一年增加一个的话，十年后我将会拥有 140 万韩元（约人民币 7,000 元）的系统收入。

如果不希望通过拍卖获得如此大的收益，也有更安全的创造其他系统收入的方法。当然，这需要更大的投资，回报率会很低。但是，在银行利率为 1.8% 的情况下，我们寻找的是 6% 以上的收益率，考虑到这一点，对 office-hotel 的投资还算是不错的。

根据房地产信息网站"房地产 114"的数据资料显示，2018 年 office-hotel 的租赁收益率为 4.98%[1]。虽然不如过去，但仍然是能带来收益率为 5% 左右的系统资产。如果再加上利率较低的杠杆效应，租赁收益率会进一步上升。从报道内容来看，不同地区存在的偏差较大，大田地区的租赁收益率为 7.26%，这就是我们要找的收益率 6% 以上的系统资产。

当然，正如该报道中所说，随着 office-hotel 的租赁收益率越来越低，其价值也会随之下降，就别说想要获得 5% 的租赁收益了，还可能因为市价下跌而遭受更大的损失。但任何投资都是有风险

---

[1] 韩国《房地产 114 report&news》2019 年 3 月 12 日报道。

的，最好的办法就是学习，做好准备应对，降低风险。如果惧怕这种风险，那就只有利用1.8%利率的银行存款，存62年这种方法了。而且，还有一个事实不要忘记：如果银行倒闭，存款也拿不回来！

虽然在银行存5,000万韩元是有安全保障的，但我们62年积累的13亿韩元（约人民币650万元）存款是不受保护的。当然，我们确实是需要管理和减少风险，但它并不是可以完全消除的。只要活着，危险就永远不会消除。

在我的孩子很小的时候，我曾接受过育儿专家的辅导。那时候，小孩子刚开始翻转爬行，因为担心孩子磕碰和摔倒，所以给他铺上了柔软的垫子，结果专家却建议我们全部都收起来。因为如果地面太柔软，孩子就无法学会站起来后如何保持平衡，撞到时也不会感觉到疼，也就不会对危险产生警惕。专家还提到，孩子过了一周岁自己还站不稳，担心其健康成长的家长来咨询，如果去他们的家里，会发现大部分家庭的地板上都铺着柔软的垫子。

把垫子收起来之后，小孩子开始到处乱撞。坐着的时候，因为一不小心向后倒，后脑勺砰的一声撞到了地上，哭得嗓子都嘶哑了。这时候我会赶紧抱起哭泣的孩子，安慰他，然后非常后悔不该把垫子收起来。虽然很担心，但是连续观察几天后，很快就感受到了孩子的变化。现在小孩子坐着的时候，如果觉得自己要向后倒，他的腹部就会用力，身体向前倾。即使真的倒下去了，也不会像以前那样磕到头了，而是抬着脖子，保护自己的头部。没过多久，他就能从坚硬的地板上爬起来，身体也开始能保持平衡了。

投资也是如此。我们经常会看到有些人被十分荒唐的欺诈和甜言蜜语所欺骗，从而失去了自己宝贵的财产。他们当中的大多数，是直到现在还没有经历过危险的人。因为地面总是很软，所以摔倒了也不会想到抬头，或是用手来保护自己。真的希望大家能尝试轻轻地碰撞，一边碰撞一边学习。其实我也有过这样的经历，年轻的时候，我曾拿到了银行贷款，一次投资就损失一半。当时真的觉得自己很傻，也很寒心，每天都在为此而后悔，但是现在回想起来，那真的是很宝贵的经历。年轻时吃点儿亏，栽个跟头，即使失败了也没事儿，钱再赚就行了。如果总是要有一两次失败经验，那还是在年轻的时候，趁着机会还很多，经历一下更好吧。

关于房地产投资的好书或讲座也有很多，千万不要觉得因为还没有本钱，房地产投资就没有必要考虑了。哪怕是当成做功课，当成练习，也真心希望你能接触一下试试看。

◈ 小额投资也能轻松获利的分红股

比起房地产投资，投资金额小，并且任何人都能轻易创造的系统收入，就是分红收益。对分红股的投资只要 1 万韩元就可以尝试了，如果选好、选对了，就可以期待我们想要的收益率了。

让我们来比较分析一下吧，银行存款的利息和投资股票的分红，哪一个更高呢？

如前所述，目前最高的存款利率为 1.8%。那么分红收益率呢？根据韩国证券期货交易所（krx.co.kr）的数据资料显示，2018 年 KOSPI 的分红收益率为 1.93%，2019 年 9 月则为 2.16%。现在股票的收益率比银行存款利率更高。当然，把钱存在银行里和投资有商业风险的上市企业，二者所承担的风险也是不同的。那么，如果把投资对象限定在银行股票上会怎么样呢？

把钱存入银行所得的利息，和投资银行股票所得的分红，哪一个更多呢？

将韩国银行联合会提供的各银行主要存款产品中 12 个月存款的利率，和韩国金融信息企业 FnGuide 提供的 2018 年度基准分红收益率（普通股现金股利／总市值）二者进行比较，如表 9-1 所示。

表 9-1 银行利率和股票分红收益率

（单位：%）

相关银行	商品名称	利率	股票名称（项目代码）	分红收益率
KEB韩亚银行	N+定期储蓄	1.5	韩亚金融控股（086790）	5.24
IBK企业银行	IBK终生家人账户	1.4	企业银行（024110）	4.91
DGB大邱银行	尽在我手储蓄	1.71	DGB金融控股（139130）	4.33
KB国民银行	KB 黄金人生年金优惠储蓄	1.5	KB金融（105560）	4.13
BNK釜山银行	MySUM定期储蓄S	1.6	BNK金融控股（138930）	4.09
新韩银行	新韩S梦想定期储蓄	1.35	新韩金融控股（055550）	4.04
光州银行	我酷储蓄	1.9	JB金融控股（175330）	3.16
济州银行	济州梦想定期储蓄	1.45	济州银行（006220）	2.15

※ 在存款利率方面，由于 Moneta[1] 与银行联合会的资料更新日期不同，因此与前述内容存在差异。

※ 韩国的友利银行于 2019 年 1 月成立友利金融控股公司，因为没有其上年度末的分红收益率资料，故而表格未收录。

来源：韩国银行联合会、FnGuide

---

[1] Moneta：韩国移动运营商 SKT 推出的移动支付品牌，包括了离线交易、在线购物、乘车卡、银行服务、证券交易、身份认证等服务。——译者注

所有的银行都创下了高于其存款利率的分红收益率，存款利率平均为 1.44%，而分红收益率平均为 4.01%。与存入银行获得的存款利息相比，投资银行股票获得的分红接近其 3 倍。当然，银行存款可以保障 5,000 万韩元的本金，亏损的概率很低，但是，股票有股价下跌的风险。可是，只有收起了柔软的垫子我们才能正常成长。

我们现在要寻找的是系统收入，而不是靠价格上涨赚取市价差价的投资资产。虽然股票也有股价下跌的风险，但是，股价也有可能会上涨。那我们该怎么办？

如果你买入了银行股票，股价下跌，那就忘掉本金吧。

反正我们的目标是让系统收入超过生计费用，从而变成富人。

如果作为系统收入的分红持续出现，那么就忘掉本金之类的吧。如果股价上涨，那真可谓锦上添花，处理之后投资其他系统资产就可以了。

同时，我们也要做好心理准备，可能发生分红减少这种最坏的情况。在表 9-1 中显示的分红收益率只是 2018 年的分红数据，并不能保证未来的分红收益率会一直如此。作为参考，我们需要观测那些银行股票近四年的分红情况，见表 9-2。

表 9-2 银行股票年度分红数额

（单位：韩元）

股票名称（项目代码）	2015	2016	2017	2018
韩亚金融控股（086790）	650	1,050	1,550	1,900
企业银行（024110）	450	480	617	690
DGB金融控股（139130）	280	300	340	360

续表

KB金融（105560）	980	1,250	1,920	1,920
BNK金融控股（138930）	144	230	230	300
新韩金融控股（055550）	1,200	1,450	1,450	1,600
JB金融控股（175330）	50	50	100	180
济州银行（006220）	100	100	100	100

来源：FnGuide

所有的股票在最近四年里都没有出现停止分红或是减少分红的情况，除了济州银行以外，其他的银行还都增加了分红，其中韩亚金融控股、企业银行、DGB金融控股等公司的分红则是每一年都在增加。

当然，到目前为止一直是这样，也并不能保证今后会持续分红或是增加分红。如果银行在利润较少的情况下还维持增加分红，或者将大部分的利润作为分红支付，那么在以后发生亏损时，就有可能会停止分红。

让我们来看看各家银行每年赚取的利润是多少，以及分配给股东的分红占据利润的比重。表9-3是银行股票每股收益EPS和分红率（当期纯利润中向股东支付的分红的比率）。

没有哪一家银行的分红率超过了30%，也就是说，利润的70%以上都留在银行内部，因此，今后也会有很大的余力来维持继续分红。虽然4%的分红收益率比我们想要的6%的系统收益率低，但是这已经明显高于银行存款利率了。

表9-3 银行股票的年度每股收益和分红率（括号内）

（单位：韩元，%）

股票名称（项目代码）	2015	2016	2017	2018
韩亚金融控股（086790）	3,093（21）	4,495（23）	6,881（23）	7,458（26）
企业银行（024110）	1,747（26）	1,762（27）	2,282（27）	2,666（23）
DGB金融控股（139130）	1,757（16）	1,702（18）	1,787（19）	2,267（16）
KB金融（105560）	4,396（22）	5,458（23）	7,920（23）	7,321（25）
BNK金融控股（138930）	1,898（8）	1,556（15）	1,237（19）	1,540（19）
新韩金融控股（055550）	4,878（27）	5,810（25）	6,155（24）	6,657（24）
JB金融控股（175330）	882（7）	918（5）	1,191（8）	1,464（14）
济州银行（006220）	877（11）	1,137（9）	1,136（9）	1,171（12）

来源：FnGuide

除了银行股票外，还有一些一直保持高分红的股票。而且偶尔也会出现有公司分红超过利润的情况（即分红率超过100%）。但是这只是暂时的，很难长期维持，而且最终会导致企业价值的减少，那就要注意股票的后期走势。总之，我们要综合考察股票分红的稳定性。可以参考表9-4的示例来分析数据。

表 9-4 股票分红收益率和分红率统计示例

（单位：%）

股票名称（项目代码）	5年分红收益率						分红率（5年平均）
	2018	2017	2016	2015	2014	5年平均	
耐奥蒂斯（085910）	5.88	7.07	6.8	6.78	7.28	6.76	89.33
郑商J.L.S（040420）	6.16	5.72	5.59	6.48	6.91	6.17	103.02
大成能源（117580）	4.63	4.15	3.91	4.18	4.17	4.21	50.62
仁川城市煤气（034590）	4.24	4.2	4.04	3.81	3.79	4.02	44.69
SK电信（017670）	3.71	3.75	4.46	4.64	3.51	4.01	35.18
KT&G（033780）	3.94	3.46	3.56	3.25	4.47	3.74	45.91

来源：FnGuide

SK电信和KT&G经营稳定，经营城市煤气的大成能源和仁川城市煤气也是有望持续分红的项目。如果你想学习更多有关分红股的知识，可以阅读其他相关图书。

从能够获得系统收入的系统资产的角度出发，我们整理了租赁房地产和分红股的优缺点，见表9-5。

表 9-5 租赁房地产与分红股的利弊分析

区分	租赁房地产	分红股
优点	·利用杠杆可以提高预期收益率 ·可参与盈利模式	·1万韩元以下的小额投资也可以 ·无须修缮维护等管理
缺点	·需要一定规模以上的投资资金 ·需要对承租人和房产进行周期性管理	·难以利用杠杆 ·无法参与盈利模式（业务）

分红股所具有的最大优势是小额也可以进行投资。当然，如果利用杠杆效应，房地产投资的金额也可能会比想象中少，但是即便如此，也很难想象房地产只需每个月投资1万韩元，但是分红股可以只投资1万韩元。在前面列出的股票中，连续5年分红收益率在3%以上，且股价在1万韩元以下的，不在少数。分红股的另一个优点是它不需要特别的管理，而房地产，如果原承租人搬走，就要找新的承租人，如果通过中介则还要向其支付相应的手续费。如果自来水或是热水器发生故障，还需要进行维修，另外还需要进行定期维护，比如重新粉刷墙壁或是更换地板等。相比之下，投资股票在这些方面就没有什么可操心的。

　　从另一个方面来看，房地产还可以利用贷款进行杠杆投资。当然，股票也可以进行股票担保贷款，但是与房地产担保贷款相比，股票担保贷款的利率要高出很多，大部分情况下甚至还超过了分红收益率。其贷款期限也多为短期，因此很难利用杠杆效应，积极管理收益率也就很难进行。房地产租赁是可以由自己来确定租赁条件的，通过内部装修等就可以提高收益率。而股票投资是不能亲自参与公司经营的（虽然可以参加股东大会行使表决权，但是基本上不可能按照小股东的意思来运营公司），就连是否分红也得服从公司的决定。

　　此外，股票在系统收入的层面上还有一个决定性的短板——一年只能拿到一次分红！

　　房产租赁如果是月租，可以按月收取租金，而股票分红大多是一年支付一次，虽然也有中期分红和季度分红的股票。想要用系统收入来支付生计费用，最好是每个月都能按时产生收益。虽然我们也可以把每年一次的分红单独存起来，作为每个月支出的生计费用，但是由于支出难以控制，所以可能刚到了秋天就全部花完了，出现入不敷出的概率也比较大。

分红要是也能像月租一样，按月进账就好了……

如果投资股票，能获得超过 office-hotel 租赁收入的分红，而且是每个月都能拿到，那该多好啊？如果你可以进行小额投资，又不需要任何管理，而且通过它你还可以每个月获得稳定的分红收益，那实在是一种非常理想的系统资产。

好在，现实中确实有这样的资产。

◆ 打造如月租般的股票收入体系

正如我们在前文所指出的那样，作为一种系统资产，分红股的最大缺点就是，每一年只支付一次分红。其实就算不能按月分红，即使是按季度分红，也会大大缩短没有分红、青黄不接的阶段。好在，确实有的公司会按季度分红，而且分红收益率也不算低，这还是一家相当稳定并且赚钱的公司，其 2018 年营业利润高达 58 万亿韩元。

那就是三星电子！

三星电子从 2017 年开始，就将季度分红列入股东回报政策，不过一开始很多人对此并不了解。2018 年以 3 月、6 月、9 月、12 月为基准，每季度每股派发 354 韩元，一年共派发了 1,146 韩元（约人民币 5.73 元）红利。除了三星电子外，以 2018 年为例，还有 6 只股票也实施了季度分红。

如果进行季度分红的公司不断增加，韩国股市将不再是投机的温床，而是成为投资或者准备养老金的目标。如果从股票中得到的分红能与房地产租赁收益相匹敌，那么就没有理由把钱集中在管理复杂且烦琐的房地产投资上了。

这一次，我们不要仅局限在韩国股市，最近，投资美国、日本、中国等海外股票也并不难，只需要到证券公司开立海外股票投资的账户就可以了。甚至也不用非得去证券公司，还有一种方法，不需要面对面，坐在家里就能开设一个账户。根据证券公司的不同要求，也有需要预约或者兑换外币的情况，但是只要在网上搜索或者按照证券公司职员介绍的步骤，完全照办就可以了。

作为系统资产，美股的优势就是按照季度分红。韩国的大多数股票都是按年分红的，而美国大概有 80% 的股票都可以认为是按季度分红的。而且分红的月份也各不相同，有的是在 1 月、4 月、7 月、10 月分红，有的是在 2 月、5 月、8 月、11 月分红，还有的是在 3 月、6 月、9 月、12 月分红。因此，如果你买入的是分红支付时间不同的三只股票，那么分红就会按月进账。表 9-6 就是按照分红支付月份划分的几种为普通民众所熟知的美股的数据。

表 9-6 按照季度分红的海外股票

分红支付月份	股票项目（截至2019年11月1日市值分红率）
1月、4月、7月、10月	思科（2.94%）、摩根大通（2.86%）、默克（2.59%）
2月、5月、8月、11月	宝洁（2.41%）、美国运通（1.46%）、苹果（1.27%）
3月、6月、9月、12月	埃克森美孚（5.08%）、IBM（4.79%）、3M（3.41%）、可口可乐（2.97%）

将分红支付月份不同的三种股票混合在一起，就可以像收月租

一样，每个月都能按时拿到分红[1]。或者，干脆就直接购买按月分红的股票，这样就每个月都能获得分红了。具有代表性的按月分红股票为 Realty Income 公司的 REITs。REITs 是 "Real Estate Investment Trusts" 的缩写，意为房地产投资信托。这是一家面向投资者募集资金投资房地产，会将从中产生的租赁收益或是出售收益分给投资者的公司。从投资者的角度来看，其具有以较小的金额投资房地产的效果。Realty Income 主要投资美国的商业用房地产，长期租赁便利店、药店、健身中心等。该公司拥有近 6,000 家店铺用于出租，2019 年 10 月底市值为 260 亿美元，是 S&P500[2] 公司之一。最近该公司的股价上涨近 30%，虽然市价分红率有所下降，但是分红收益率达到了 3.33%。

该公司分红的一个特别之处是，它不仅每个月都支付红利，而且还连续 23 年不断增加红利[3]。即便是在 2008 年金融危机时，其分红也从未中断，反而还有所增加。与此同时，股价也是从 10 美元一路上涨至 80 美元。

每个月都有利息（分红），本金还增加了 8 倍！

没能投资这样的企业，可能会让人感到非常遗憾。不过，对那些身在韩国而心生遗憾的人，我要告诉大家一个好消息。

比起投资美国股票的美国人，韩国人投资美股的收益率更高！

---

1 这个想法在《睡觉都能赚工资的美国分红股投资》一书中有很好的阐述。——作者注

2 S&P500：标普 500 指数，是美国三大股指之一，是记录美国 500 家上市公司的一个股票指数，亦是美股风向标之一。

3 资料来源：Dividend.com。——作者注

这是什么意思呢？我也是在参加了讲演会后了解到这些内容的（在此我要借这个机会，感谢让我开悟的《美国分红股投资指导》的作者徐承龙。这个世界上，好书、好演讲真的是有很多）。

让我们来看看 Realty Income 的案例吧。正如前面提到的那样，该公司在过去的 23 年里一直在不断地增加分红，但是这并不意味着其股价也在逐年上涨。虽然该公司的股票是长期上涨的趋势，但起伏也时有发生。尤其是在 2008 年金融危机导致美国股市暴跌时，该公司的股价一度从 30.45 美元跌至 15.03 美元，跌幅超过 50%。投资本金减半可不是一般的痛苦之事。但是，如果我们是在韩国投资了这家企业，情况又会如何呢？美元属于安全资产，当全球范围内出现经济衰退或是金融危机时，作为安全资产的美元就会升值，相对的，韩元就会贬值。换而言之，汇率就会上升。原来需要 900 韩元就能换到的 1 美元，现在要支付 1,500 韩元才能换到。如果汇率上升，以韩元计价的美国股票价值就会增加，汇率就抵消了以美元为基准产生的股价下跌。

金融危机前后，Realty Income 的股价与不同日期汇率的韩币估值如表 9-7 所示。

表 9-7 Realty Income 股价与韩币估值比较

日期	股价（美元）	汇率（韩元/美元）	韩币估值（韩元）
2007-11-13	30.45	918.7/1	27,974
2009-03-06	15.03	1,550/1	23,297
增减率（%）	−50.6	+68.7	−16.7

虽然按照美元计算，它下跌了 50%，但是按照韩币计算，它只下跌了 17%。当然，17% 的损失也足以让人心痛，但是这与 50% 的损失相比，完全可以一笑而过了。当美国人约翰投资股票的资产下跌了一半时，韩国人哲洙投资相同股票的资产只下跌了 17%，这难道不是一个令人惊讶的结果吗？

没有出生在美国，我反而应该庆幸啊！

也正因如此，投资美国分红股除了能获得季度分红，还可以通过投资作为安全资产的美元来应对国内的经济危机，乃至应对世界性的危机。

前面我们设定的目标是寻找收益率在 6% 以上的系统资产，所以 Realty Income 3.33% 的分红收益率可能会让人觉得有点儿遗憾。但是，这个 3.33% 是按照当前股价水平计算的分红收益率，该公司最近支付的月分红为 0.23 美元，一年支付的分红为 2.72 美元，其当前股价为 81.79 美元，因此是按照 "2.72 ÷ 81.79 ≈ 3.33%" 计算得出的。但是，一年前该公司股价为 58.0 美元，如果你在一年前买下了这家公司的股票，那么你在一年内得到的分红收益率就是 "2.72 ÷ 58.0 ≈ 4.69%"。根据年度股价计算当前的分红收益率，如表 9-8 所示。

表 9-8 不同时期的分红收益率

（单位：美元，%）

日期	股价	分红收益率
2019-01-01	68.69	3.96
2018-01-01	53.19	5.11
2017-01-01	59.63	4.56

续表

2016-01-01	55.79	4.88
2015-01-01	54.31	5.01
2014-01-01	40.78	6.67
2013-01-01	43.68	6.23
2012-01-01	36.4	7.47
2011-01-01	34.96	7.78
2010-01-01	27.93	9.74
2009-01-01	19.27	14.12

因为是不断增加分红的公司,所以随着时间的推移,分红收益率会逐渐上升。10年前以19.27美元投资的人,现在的分红收益率是"$2.72 \div 19.27 \approx 14.12\%$"。如果今后的分红也像过去23年一样继续增加,那么现在3.33%的分红收益率在几年之后就会达到我们的目标收益率。

还有哪些企业是像这样不仅能够每年发放红利,而且还一直增加分红的呢?根据Dividend.com提供的相关数据资料信息,我将25年以上持续增加分红的企业名单整理在附录中,共计90家,其中分红收益率超过5%的企业有7家。

值得注意的是,如果预计企业的业绩会变差,股价下跌,那么分红收益率就会上升。如果是暂时性的业绩恶化,那么我们就有机会低价购入股票,从而提高分红收益率。但如果是公司经营的业务方面出现了结构性问题,那么分红就会减少,股价也会下跌。如果想了解更多这方面的内容,建议大家阅读一下相关书籍。

如果你希望通过美国分红股获得更稳定的系统收入,那么这里还有一个办法，那就是投资优先股。优先股是指相对于普通股而言具有特定权利优先的股票，大多数具有利润分红的优先权。也可以这么认为，如果优先股不能支付事先规定的分红，那么就不能向普通股分配股息。

虽然韩国也有优先股，但分红支付额是会变动的。让我们来看看三星电子发行的优先股吧。在企业经营报告书中，优先股的分红条件为"以票面金额为基准，比普通股票额外多获得1%的现金分红"。目前三星电子股票的票面金额为100韩元（2018年5月3日通过票面分割，将原来每股5,000韩元的股票分割为50股，面值降低为100韩元），因此每股要多支付1韩元的分红。由于普通股的分红并不固定，优先股的分红也会随之逐年变动，如表9-9所示。

表9-9 三星电子年度每股分红情况

（单位：韩元）

区分	2014	2015	2016	2017	2018
三星电子（普通股）	400	420	570	850	1,416
三星电子（优先股）	401	421	571	851	1,417

这样一来，韩国的优先股是用"普通股分红+×××%"的形式或"最低分红率×××%"的形式，但是这两种形式都很难预测确定的分红。现代汽车发行了三种优先股，每种优先股的分红条件和2018年实际分红额如表9-10所示。虽然优先股最低分红率分别定为1%和2%，但是实际分红率则为81%和82%。由此看来，事先确

定的分红条件似乎意义并不大。如果只按照先定的最低分红率进行分红，那么本来可以拿到 4,100 韩元（约人民币 20.5 元）的分红可能会锐减至 100 韩元。

表 9-10 现代汽车的优先股分红

（单位：韩元，%）

股票种类	优先股分配条件	每股分红（票面价值与分红率之比）
现代汽车（普通股）	-	4,000（80）
现代汽车（优先股）	相较于普通股每年增加 1% 的分红（以面值为准）	4,050（81）
现代汽车（优先股 2）	优先股最低分红率：2%（以面值为准）	4,100（82）
现代汽车（优先股 3）	优先股最低分红率：1%（以面值为准）	4,050（81）

韩国国内的优先股很难像这样进行预测分红，然而，美国优先股中却存在着很容易预测分红的分红股。

那就是固定分红优先股。

美国固定分红优先股也被称为"混合型证券（Hybird Securities）"或"混合型优先股"。就像混合动力汽车同时具有电动汽车和燃油汽车的性质一样，混合型优先股同时具有股票和债券的性质。虽然被分类为股票，从而构成了发行公司的资本，但是它像债券一样支付规定的利息（分红），而且是到期后还可以赎回的股票。混合型优先股具有以下三个特征：

> 1. 大部分以票面金额 25 美元发行。
> 2. 按照面值的一定比例发放固定金额的分红。
> 3. 到期日（call date）之后多数可以赎回。

这种形式的股票多数"可赎回（callable 或者 redeemable）"，即其发行公司有回购股票的权利。例如，在利率较高的时期，以 10% 的固定分红为条件发行了优先股，但是如果市场利率下降，那么需要继续支付的固定分红就可能会成为负担。这个时候，公司对发行的优先股有回购权，就可以回购并注销其优先股，然后以更低的利率条件重新发行。如果公司有这种回购权，会事先确定可以行使该权利的日期，那就是"到期日（call date）"。

因此，到期日之后，随时都有优先股以票面价值被公司抢走的风险。也正因此，优先股的交易价格往往与票面价值相差不大，其交易价格通常在 24~26 美元之间。

让我们具体来看一下固定分红优先股吧。美国股市有很多金融公司发行优先股，美国金融公司受到的限制是，如果从外部筹集资金导致负债增加，那就必须相应地增加自有资本。为了达到这一比例要求，大多是以每年票面价值的 5%~6% 的比例分红，作为发行优先股的条件。

让我们来看看美国最大的银行——摩根大通银行发行的优先股吧，见表 9-11。

表 9-11 摩根大通的优先股现状

（单位：美元，%）

优先股种类※	票面价值	固定分红率（相对于面值）	现价（2019.10.31）	市价分红率	赎回日期 call date（年/月/日）
JPM-PA	25	5.45	25.04	5.44	18/03/01
JPM-PF	25	6.125	25.31	6.05	20/03/01
JPM-PG	25	6.10	25.66	5.94	20/09/01
JPM-PH	25	6.15	25.71	5.98	20/09/01

※ 优先股的项目代码标注方式因网站而异。本书采用了雅虎财经的标注方式。

来源：雅虎财经、Preferred Stock Channel、摩根大通官网

找到了！6%！

这就是我们一直在寻找的"任何人都可以构建的年收益率6%的系统资产"。只需要在证券公司开设一个海外股票账户，25美元折合成韩元大概为30,000韩元，只要有30,000韩元就可以投资了，而且风险也不大。如果连美国最大的银行——摩根大通都不能支付优先股分红，那么韩国的经济也大概率已经风雨飘摇了。也就是说，即使在其他领域进行了投资，也不可能完全保住财产。不过，即使是韩国经济面临巨大的危机，摩根大通优先股也可能安然无恙的概率更大。

此外，这种优先股也并非只有摩根大通才发行，我们可以分散投资的对象还有很多。如表9-12所示，除摩根大通之外，我还整理了3只具有代表性的美国银行所发行的市值分红率较高的固定分

红优先股。作为世界著名银行发行的优先股，完全可以达到我们所期待的 6% 左右的收益。

表 9-12 美国银行的高分红率固定分红优先股

（单位：美元，%）

发行银行	优先股种类	面值	固定分红率（相对于面值）	现在价值（2019.10.31）	市价分红率
美国银行（Bank of American）	BAC-PA	25	6.00	26.24	5.72
富国银行（Wells Fargo）	WFC-PT	25	6.00	25.45	5.89
高盛银行（Goldman Sachs）	GS-PN	25	6.30	26.33	5.98

来源：雅虎财经、Preferred Stock Channel

REITs 公司也发行固定分红优先股，与银行相比，有很多项目都显示出了较高的分红率。《美国分红股投资指导》中介绍的"PennyMac Mortgage Investment Trust（PMT.US）"发行的优先股"PMT-PB"，其固定分红率为年利率 8%。以 2019 年 10 月 30 日为基准，当日收盘价为 26.20 美元，其分红收益率为 7.63%。

如果你对投资哪只优先股犹豫不决，那么投资优先股 ETF 也是个不错的方法。ETF 是"Exchange Traded Fund"的缩写，它是一种开放式指数基金，是可以像股票一样进行交易的产品。就像基金一样，购买 ETF 就可以达到分散投资的效果。当然这里还有一个与基金不同的地方，那就是它还具有在市场上可以随时买卖的优点。特别值得一提的是，与基金相比，其管理费一般比较低，在长期收益率方面比基金更有优势。

《美国分红股投资指导》中介绍的优先股 ETF 是主要投资于固定分红优先股的 ETF。由于不是 100% 投资于固定分红优先股,而是分散投资多个项目,因此,虽然没有固定分红,但是每年会稳定地支付 6% 左右的分红。特别是其分红的周期为一个月,每个月都可以得到分红,这也是一大优势。

表 9-13 主要优先股 ETF

股票名称(项目代码)	分红率	分红周期	基金报酬
iShares 优先股 ETF(PFF)	每年 6% 左右	一个月	每年 0.47%
Invesco 优先股 ETF(PGX)	每年 6% 左右	一个月	每年 0.52%
VanEck 优先股 ETF(PFXF)	每年 6% 以上	一个月	每年 0.41%

◆ 生活所学都将化为资产

前面我们讨论过的房地产也好,分红股也好,都是购买了系统资产才能获得系统收入。也就是说,多少都要投入本钱。不过,也有不需要本钱就能得到的系统收入。那就是利用内容构建无形资产。如前文所述,我构建系统收入首先利用的就是内容,就是以卖秘方的心态把讲课内容写进书里,并将原本只在线下进行的授课转移到了线上。虽然眼下我还无法通过这部分收入实现收支平衡,但是从长远来看,这将是一个明智的选择。

当然,利用自己所拥有的内容资源,去构建系统收入也并非易事。如果不具备可以出版书籍的专业知识,也没有长期积累的经验，这恐怕是很难实现的。但是，我们现在生活的世界，比以往任何时候都更容易将内容资产化，这也是不争的事实。

  过去，书籍的价格非常昂贵。据说一本《圣经》的价格能买下一个小农场[1]（可以饲养羊和牛，并能种植水果的农场），因此单纯用"贵"来形容是远远不够的。在印刷术普及之前，所有的书籍都是由人逐字逐句抄写完成，制作一本书需要花上几个月的时间。在纸张普及之前，使用的都是由羊皮制成的羊皮纸，制作一本书需要数十只羊。因此，在那个时代，书更像是奢侈品。因为纸张本身就很珍贵，所以在那个用羊皮纸的时代，普通人怎么可能写书呢？即使有再好的知识、想法或内容，也很难将其资产化，那么现在呢？

  让我们来以韩国作家金东植为例，他在 2017 年凭借《灰色人》一书出道，2018 年入围"今日作家奖"。一般而言，要成为小说家、诗人或作家，必须要经过所谓的"文坛系统"的打磨。先进入大学的文学系，学习如何写作，再参加文学奖评选并获奖，然后才能步入作家的世界——文坛，从而获得一席之地。也就是说，人们不可能随便在 SNS 上写几篇文章就会被认定为作家。作家之间也经常会互相询问，在谁的门下学过写作，获得过什么文学奖项之类的问题。

  但是，作家金东植从未真正系统地学习过写作的方法，更别说是文艺创作科班出身了，并且他初中就辍学了，这就是他学校生活的全部。后来，虽然通过认证考试完成了初中和高中学业，但是他从来没有单独学习过写作或者上过作家课程。他在圣水洞装饰品工厂工作了十多年，只做铸件工作，即把熔化金属的水倒进铸件模具

---

[1] 资料来源：《美国经济评论》，2013 年 5 月 20 日。——作者注

里，如果稍不小心被铁浆溅到，就可能会伤得很重。因此，工作人员之间只能坐得很远很远，也不曾互相说过话。一整天一整天地面壁而坐，重复着同样的事情，且一做就是十年，因此他养成了习惯，独自一人的时候总是在想象各种各样奇怪的事物。

就这样，他开始把想象出来的故事发到网络论坛上。因为他几乎不读书，这也使得他的写作摆脱了内容和形式等固定框架的束缚，这种独特和新颖的文字吸引了很多人的关注。虽然人们在回帖评论中纷纷指出各种问题，甚至批评他的写法，但同时又非常喜欢他的文字。将网络留言奉为写作导师的他，实力逐渐提高，最终也被其他作家和评论家们看中。他在网络论坛上发表的文章被编成了三本书出版发行，他本人还成功入围2018年"今日作家奖"。

像这样在过去难以想象的事情，随着网络和信息技术的发展，如今可以很轻松地完成。只要你有创意、素材和写作的热情，想出版一本书并不难。如果是以电子书形式出版，那么成本就会变得更低。只要有内容，将其资产化可比以前容易多了。

当然，也不一定非得写书，也可以讲课。年轻会计们或听过我讲课的上班族也经常会问我授课方法，说自己也想去讲课。但是为企业做培训讲座本身就很难，如果人家抽出了繁忙的工作时间来参加培训，授课效果却差强人意，那么企业的人力资源部就要面对各种抗议和索赔。因此，为了不留下任何把柄和非议，他们倾向于邀请那些经过验证的讲师，并重视从业经验，而新晋讲师很难跨越这一门槛。大家都说只聘用有经验的人员，然而这些经验到底要去哪里积累呢？正因如此，即使你想成为一名讲师，也有很多难题是别人无法帮你攻克的。

但是短短几年内，情况已发生了巨大的改变。现在，任何人都可以通过网络授课平台开设个人辅导或者一日课程，也可以开设一些更专业的集会或者讲座，服务对象也不再局限于企业。

当然，除了授课，还有很多方式也完全可以将你的内容资产化。

让我们来看看被很多孩子列入未来就业目标前十名的"You Tuber（国外视频网站博主）"吧。现在的世界是一个视频博主都能成为一种职业的世界。任何人都可以开通 YouTube 频道，上传自己创作的内容并赚钱。我也开通了"史景仁 TV"和"大家的会计学"频道并正在运营着，或许在不久的将来我还会以这本书为主题开设频道。当然，我们并不能保证 YouTube 会永远存在，因为有很多可以对内容进行收费的平台正在兴起，也有很多正在消失，谁也不知道哪些平台和网站会生存下来。曾经风靡一时的博客衰落了，而现在 YouTube 正火，但是 YouTube 也可能会被其他平台取代并消失。虽然我们不知道哪个平台或渠道会成为赢家，但是有一点是可以确定的——只要你有自己的内容，你就能创造出系统资产！

在 Podbbang（韩国最大的播客 App）上的付费播客中，《听柚子讲数字世界的租金》就很好地诠释了这种观点。可以免费听的第一堂课的主题就是"在数字世界，任何人都可以成为业主"。就像房地产租赁收入一样，由内容资源产生的收益也可以成为系统收入，课程内容很好地表达了这一点，真是太让人高兴了。如果现在你还没有属于自己的内容，那么你需要深刻地思考一下，你是做什么的？你已经做了十多年了吗？难道你还没有属于自己的构想吗？

难道说你完全没有可以教给别人的秘诀吗？

你完全没有必要为了制作新的内容，去另外投资时间或是支付费用，就把现在正在做的事再好好完善一下，怎么样？如果说到现在为止，你都是按老一套循规蹈矩地过着每一天，那么希望你从现在开始能够另辟蹊径，换个角度。就拿你现在所做的事情来说，设立一个十年后要开设一门课程或是写成一本书的目标怎么样？或者你现在就尝试着开通 YouTube 频道。任何一个领域都有与其内容相关的书籍，并不是只有权威的专家或该领域的学者、教授才能写书和制作专业的内容。

如果觉得好奇，你可以试试在 YouTube 上搜索"快递小哥"看一下。你会发现，由在职快递员制作上传的视频铺天盖地。其实我一搜索也吓了一大跳。例如，一位名叫"快递大叔 Taek-A"的在职快递员的频道有近 3 万订阅者，在他上传的视频中，有一个名为"快递员的一天"的视频点击量高达 46 万次。

世界就是这样的！

你每天做的事情，一路走来已经积累了十年的经验，如果还没有属于你自己的积累，人生是不是过得有点儿太空虚了呢？如果你计划用自己所做的事情、学到的知识来生产内容，就会产生意想不到的收获。首先，你对待工作的态度就会发生变化，即使是面对原本不需要思考，只是每天重复做的事情，你也会开始去思考为什么要做这个工作，它对于公司的整体绩效有什么样的影响，有没有提高效率和改善绩效的方法或要领，等等。之前是因为上级的要求而勉强去做，现在是为了积累经验，为以后可以成为资产的内容去做准备，在这两种状态下，工作态度和工作成果也会完全不同。也许上级或同事对你的看法也会发生变化。

我妻子经常对我说一句话："你真是什么事都能做得很好。"

没错。只要是我需要的知识或技能，不论是什么，我都会很容易就学会并消化成我自己的东西。只要我下定决心，我就能上得厅堂下得厨房，运动健身也不在话下。哪怕是对于妻子现在正在学习的瑜伽，我也很有自信，只要我下定决心去做，我就能比她做得更好。这并不是因为我脑子好或者有天赋，究其原因只有一个——

无论学什么，我都是用"学会了好去教别人"的态度认真学习的。

单纯地去理解和接受别人教给自己的东西，和把它变成自己的东西再去教给别人，二者有天壤之别。现在正在读我这本书的人中，应该没有不会用筷子的吧？大家都会用筷子，可是，你能教会别人怎么用筷子吗？试想一下，如果让你去教第一次摸筷子的人如何使用筷子，你会怎么教？

"手指要像我这样。"

"不，不是那样，是这样！"

"不对，让你这么做！"

"哎哟喂，好郁闷啊。"

当然，这也并不是说学什么都要教给别人。如果抱着教别人的想法去学习，反而会让自己更加苦恼，甚至会想到一些连老师都没有想过的事情。比如你会考虑：为什么筷子一定要做成这个样子呢？就像叉子一样拿着，然后叉着吃不行吗？铁筷子和木筷子有什么区别？各自的优缺点是什么呢？棱角分明的筷子和圆筷子又有什么区别呢？不仅如此，你还会发现，有研究论文表明，学龄前儿童使用筷子的能力与写字能力之间存在着相关性。然后你就会知道什么时候应该教孩子用筷子，还可以阐述自己为何支持或是反对小孩子使用爱迪生筷子[1]。

仅凭这些知识点你就可以制作视频内容，之后你还可以把这些内容积累起来出版成书。四十多年来，我一直在用筷子吃饭，但是在十分钟之前，我还从未对筷子有过什么特别的想法。"如果我是以筷子为主题讲课呢？"仅仅是这样一个问题，就把内容抽取出来了。正是因为有了这种习惯，我才有了无论学什么都能学好的自信。

你在生活中学到的一切都可以变成内容，成为资产！

所以我对妻子说："活着的乐趣，就是学习的乐趣。"我们往往只要一提到"学习"，就会想起学生时代，从而心生反感。但其实学习真是一件有趣的事情。棒球、高尔夫和游戏，不都是需要通过学习，掌握技能之后，获得乐趣而让人无法自拔的吗？我们看电视剧，不也是可以学习其中处理人际关系、矛盾冲突的方法吗？我们关注情节发展不也跟这有关吗？说到底，恋爱不也是一个学习了解对方、了解异性的过程吗？

对我来说，育儿也是这样一个学习的过程。刚开始，我完全不了解小孩子，不知道该怎么陪他玩，也不知道他为什么那样哭，感觉心情郁闷而又筋疲力尽。但是阅读了相关的育儿书籍，并接受了专家的指导，理解了孩子的生长发育过程和儿童心理等知识之后，育儿就变得有趣多了。我基本上可以知道他哭闹的原因，也能制定应对方案，压力也就因此减少很多。感受到孩子好像也在快速成长，我感到高兴而欣慰。如果有人对育儿问题感到很苦恼，即使不能指导，我也能具

1　爱迪生筷子：韩国幼儿用品公司 INP 旗下的儿童筷子品牌，筷子上有固定拇指、食指和中指的硅胶指环，让小孩子熟悉手指的位置，体会用筷子的感觉。——译者注

体地告诉他们我是怎么做的，或者哪些学习对我有所帮助。当然这不可能是由我一个人来完成的，虽然我的妻子是教养小孩的主力，但是如果配合她很好地陪伴孩子成长，我觉得我也可以创作出与育儿相关的内容。期待着从生活中学到的东西日后会变成资产，继而给我带来系统收入，这本身就能使生活变得丰富多彩。

即便如此，在积累到一定量的优质内容之前，想要通过内容获得系统收入并非一件容易的事。一年前开设 YouTube 频道时，我对妻子说："我会努力的，一年之内让你实现炸鸡自由。"想要通过发布广告创收，账号必须拥有 1,000 个订阅者，观众的观看时长也得达到 4,000 小时，这可真不是一件容易的事情。所以我设立的目标是，在一年内达到创收条件，炸鸡随便吃。

值得庆幸的是，我开通的频道获得了超出预期的反响，频道开通一个月左右就创造了收益，现在每天通过 YouTube 能赚取 1 美元多一点，折合成韩币大概是一个月 4 万韩元，虽然是可以买炸鸡吃了，但是赚的钱并不算多。考虑到为拍摄视频而投入的设备和制作节目所需的资金，现在的收入也就刚刚超过损益平衡点。可是即使最近一个月都没有拍视频上传，这个收益依然能维持不变。

如果一个月赚 4 万韩元，这看起来可能很可笑，但如果是 4 万韩元的系统收入那就不可笑了。如果每个月想要拿到 4 万韩元的存款利息，需要把多少钱存入银行呢？一个月 4 万韩元，一年就是 48 万韩元（约人民币 2,400 元），按照存款利率 1.8% 来计算，即 480,000 韩元 ÷1.8%=26,666,667 韩元。

我的 YouTube 频道如果按照银行存款换算，价值 2,600 万韩元（约人民币 13 万元）！

每个月赚 4 万韩元可能很可笑,但是如果这相当于 2,600 万韩元存款的利息就不一样了。如果想着创造系统收入能够具有如此高的价值,就可以持续不断地积累内容了。即使一个月只有 1 万韩元,也可以通过这些视频内容创造系统收入。每个月 1 万韩元就相当于存款 666 万韩元(约人民币 3.33 万元)的利息。

通过使用属于知识产权的内容创造系统收入的方法,实际上也是多种多样的。虽然不能说这是任何人都能做得到的,但是也有通过制作聊天工具中使用的表情符号来赚钱的,还有人通过制作表情包获得了 10 亿韩元以上的收入。除此之外,制作并销售应用程序或是上传照片到图片网站销售,利用内容获得收益的方法还会持续不断地增加。

◆ 其他创造系统收入的方法

除了房地产、股票、内容之外,只要你仔细观察,还会发现很多能够创造系统收入的投资项目和方法。下面介绍一下我发现的一项系统资产,或者也可以说是系统收入。只是,在这里我仅仅是介绍而不是推荐,因为还有一些没有得到验证的危险因素存在其中,我也是出于各种原因至今都没有亲身实践过。尽管如此,我还是想介绍一下,这是因为在关注系统收入的同时,我们很有必要关注各种可能性,尤其是像这种很容易发现的商机。

经营自己的事业

如果你成功了,这将是让你最快成为富人的方法。蒂姆斯·费里斯每周只工作 4 个小时就能成为富翁,是因为他实现了自己的事业自动化,而 MJ·德马科搭乘的百万富翁快车道也是依靠系统化的事业。KB 经营研究所发布的《2019 韩国富豪报告书》中显示,富豪们的资产来源,排在第一位的也是营业收入,如图 9-1 所示。

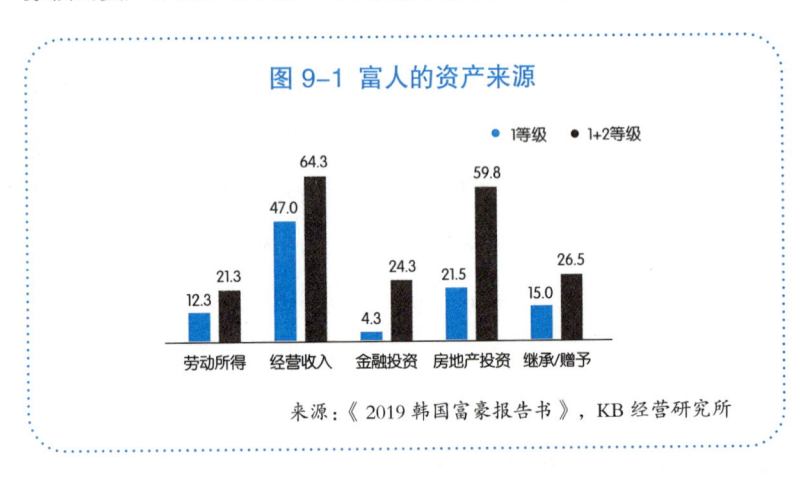

图 9-1 富人的资产来源

	劳动所得	经营收入	金融投资	房地产投资	继承/赠予
1等级	12.3	47.0	4.3	21.5	15.0
1+2等级	21.3	64.3	24.3	59.8	26.5

来源:《2019 韩国富豪报告书》,KB 经营研究所

不过,看数据的时候,也需要特别注意,成功的事例多并不意味着成功的概率也高。不能因为靠经营收入致富的人最多,就断言自己做生意发财的概率最高。因为做生意而破产的人不是也有很多吗?因此,如果没有创业人员的具体统计数据,就主张"想要成为富人,应该马上放弃工作去创业",显然是非常草率的。因为不能靠工资成为富人,所以就鼓动人们辞职也是相当不负责任的。相比之下,我得出的结论是,光靠工资是不可能成为富人的,所以应该一点一点地创造系统收入,从而积累系统资产。

我也曾经合伙创业过,现在还有一张执行董事的名片。但是当年的合伙创业以失败而告终,我现担任法人的公司也谈不上运作良好,所以我不能自信地告诉别人要做自己的事业。且我还要强调一点，要想把经营收入变成系统收入，就必须将其系统化。也就是说，在事业初期投入时间和努力，当它的发展逐渐步入正轨后，一定要将其系统化，以备它在没有你的情况下，也能正常地运转。

举例来说，如果开餐馆，就要考虑以后能不能连锁化。即使你不守在厨房里做菜，餐馆也应该自主经营下去。一般来说，开餐馆的人通常都有拿手的厨艺，泡菜汤煮得好就开泡菜汤专门店，刀削面做得好就开刀削面馆，人们通常都会选择做自己擅长的事。但是企业家们的想法与此截然不同。如果人们喜欢吃泡菜汤，就开泡菜汤店；如果人们喜欢吃刀削面，就开刀削面馆。他们不是做自己擅长的事，而是根据客户的需求做事。反正企业家不会下厨房，不过就是雇个厨师，把经营系统化罢了。如果拿自己擅长的事情来创业，那不是要成为企业家，而是要成为一个专职的厨师。当然我并不能判断企业家和厨师哪一个职业更好，但是从系统收入的角度来看，无疑是企业家更具有优势。从能否系统化的角度来看，所谓的专业岗位并不适合。比如说拿工资的医生独立开了一家私人医院。医院做好了，规模大了，能不能系统化？医生不再接诊，医院还能正常运转吗？在我所教授的股票投资的课程中，有一类学员非常常见，那就是医生。因为开医院所获得的收入很难成为系统收入，他们便希望通过学习投资或者用其他方式，来创造更多的财富。

我在早期也是把事业当作系统收入来考虑的，但最终我选择把我所拥有的知识商业化。但是在经营事业时，比起雇佣职员，人们往往是通过外包的方式将其系统化。如果你想建立事业系统从而获得系统收入，那么请你务必要阅读一下我们前面提到的《我只工作4小时》或《百万富翁快车道》，因为这两本书比我更适合指导大家。

第十章

缩减生计费用

◇ 既然不能开源，就要节流

在第五章，我没有花很多篇幅去深入探讨费用和支出。我们把费用分成生计费用和奢侈费用，如果觉得自己没有奢侈费用，就直接把所有支出都放在生计费用里计算就可以了。虽然大多数理财书都热衷于倡导"只有缩减开支才能成为富人，所以什么都要节省"，但是，在我的这本书中并没有怎么强调节约，因为增加收入比缩减支出更有意思。

人们往往会在花钱的时候感觉到幸福，不知道这是不是人类所具有的本能，但是一个十分明确的事实是，所有的企业和卖家都会致力于让你在花钱时感到幸福。为了达到这个效果，他们不惜用尽各种措施和手段，甚至让你觉得，现在不在这里花钱，你就会变得很不幸；为了你心爱的家人们，连这点儿钱都不舍得花，简直就是失败的人生。

因为只有这样，才能让你把口袋里的钱拿出来！

我们每天的工作都在做什么呢？不管怎么做，难道不都是想方设法让顾客打开钱包花钱吗？

缩减开支会让人感到烦闷、抑郁，甚至焦虑不安。我每天都在压力下努力工作，难道这样的我还不能为自己花点儿钱吗？吃苦挣钱不就是为了这个时候花的吗？所以，不管书中再怎么讲"只有缩减开支才能成为富人"，这也是绝不可能成为现实的。与其这样，还不如告诉我如何让我的钱自动增长，从而使我成为富人。

因此，我没有长篇大论地讨论支出，而是对系统收入进行详细的论述。我告诉你的是如何让你的钱自动增长，只是将理论付诸实践确实并不容易。

如果每个人都能轻松创造出系统收入那固然是好事，可事实是很多人做不到啊！不管是做属于自己的事业，还是创造无形的内容资产，都不是一朝一夕就能完成的事情。虽然投资分红股是任何人都可以轻易做的，但是要想获得一定规模的分红收益，还是需要筹集相当多的资金。就算收益率为每年 6%，要想获得每个月 10 万韩元的系统收入，也要投资 2,000 万韩元才可以。显然，增加系统收入并非易事，而且要求还可能会比较高。

那么，成为富人的另外一个选择，就是缩减生计费用。

富人的条件：系统收入 > 生计费用

在致富公式中，创造 10 万韩元的系统收入和减少 10 万韩元的生计费用，效果是一样的。而在当下，缩减生计费用通常更容易些。如果想成为富人，却又难以增加系统收入，那就缩减生计费用吧。但是，即使是这样，也需要做得彻底。

我们大多数人往往是一有收入就马上花掉，也就是直接拿工资作为生计费用。根据罗伯特·清崎的主张，穷人们的现金流与图 10-1 中的类型 1 相同。如果是这样的现金流，即使赚再多的钱也成不了富人。因为不管挣了多少钱，都全部花光了，如果不能积累资产，那怎么可能成为富人呢？

与此不同的是，富人的现金流则呈现出类型 2 的模式。当有收入进来时，不是直接花掉，而是用它来投资能够产生现金流的真正资产，然后再用生成的现金流来支付生计费用。

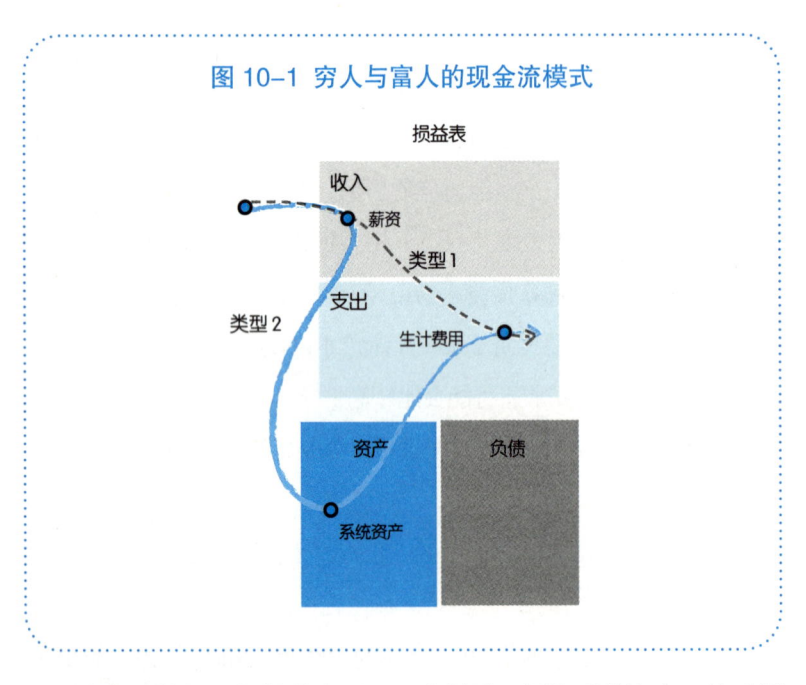

图 10-1 穷人与富人的现金流模式

我们的终极目标就是类型 2 这个样子。投资系统资产，然后用从中获得的系统收入来支付生计费用。为此，我们的现金流需要改变，原本流向支出的劳动所得，需要转向系统资产，即要减少类型 1 的现金流比重，增加类型 2 的现金流比重。类型 1 和类型 2 在你的现金流中所占的比重各是多少呢？

有一个重要的思维方式，可以大大增加你成为富人的可能性。大多数人，尤其是穷人，往往优先考虑类型 1 的支出方式，即把收入先用在生活费上，然后将剩下的钱存起来或者用于投资。在这种思维下，成为富人的可能性很低。而与之相反，富人首先考虑的是类型 2，先把收入中的一定金额用来投资资产，然后再用剩下的钱过日子。所以你的思考方式应该这样改变一下——

不是把花剩下的钱拿去投资，而是把投资剩下的钱拿来花！

从现在开始，为了便于理解，我将类型 1 的现金流称为"贫穷之路"，将类型 2 的现金流称为"财富之路"。只有减少"贫穷之路"的支出，增加"财富之路"的投资，才能成为富人。

◇ 至少要把收入的 20% 用于投资

减少"贫穷之路"的支出，增加"财富之路"的投资，那么最快多久能成为富人呢？

在你成为富人之前，假设你把系统资产的收益用于再投资。不管怎么说，只有系统收入增加才能成为富人，把系统收入拿来再投资，才能最大限度地尽快增加系统资产。

为此，我们必须要降低生计费用，将流入"贫穷之路"的钱转移到"财富之路"上来，如图 10-2 所示。

降低生计费用对成为富人能有多大帮助呢？让我们用数字来确认一下吧。

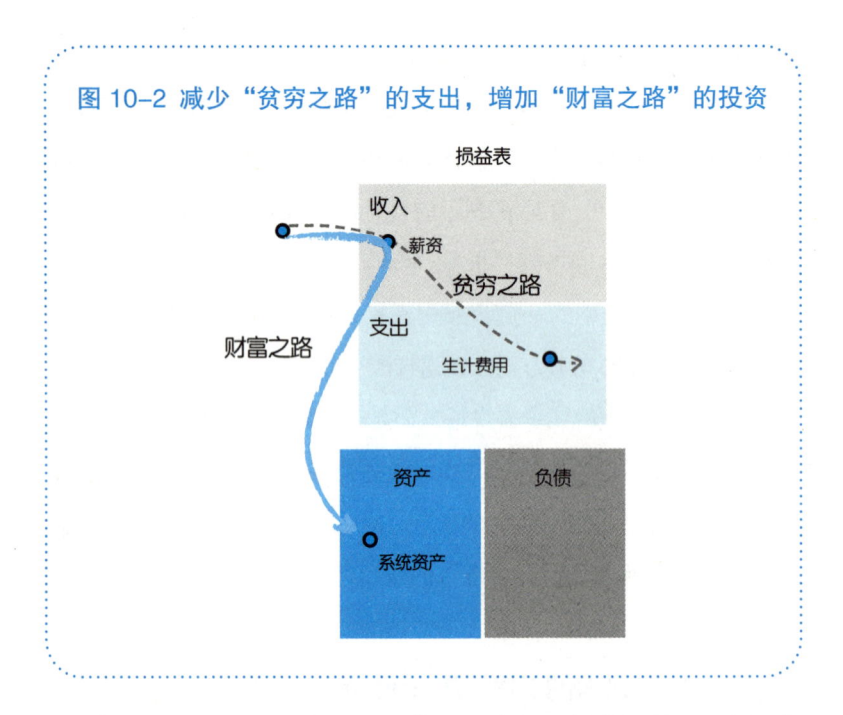

图 10-2 减少"贫穷之路"的支出,增加"财富之路"的投资

损益表
收入 — 薪资
贫穷之路
支出 — 生计费用
财富之路
资产 — 系统资产
负债

　　假设你现在的收入是 100 万韩元,你的生计费用是 A。如果将扣除生计费用之后的剩余金额(100-A)全部用于投资系统资产,而系统资产可以获得 6% 的系统收入,通过将系统收入再投资,你可以获得 6% 的复利增加。从这些不断累积的系统资产中产生的系统收入也会不断增加,直到它超过生计费用,也就是当你成为富人,这中间大概需要多久呢?这个计算结果见表 10-1。

表 10-1 按照生计费用率计算的致富时间

（单位：%，万韩元）

生计费用率	每月生计费用	每月投资金额	系统资产目标	投资时间
90	90	10	18,000	462个月（38年6个月）
80	80	20	16,000	323个月（26年11个月）
70	70	30	14,000	242个月（20年2个月）
60	60	40	12,000	184个月（15年4个月）
50	50	50	10,000	139个月（11年7个月）

假设你的月收入是100万韩元，生计费用是90万韩元，即生计费用相当于收入的90%。如果以每年6%的系统收入来支付这笔生计费用，必须要有18,000万韩元（约人民币90万元）的系统资产。只有这样，年系统收入才会变成18,000万韩元×6%=1,080万韩元，才能抵过每月90万韩元的生计费用。如果把剩下的10万韩元也用于投资6%的系统资产，以获得利滚利的效果，那么要达到18,000万韩元，则需要462个月，也就是38年6个月。

如果是每个月赚1,000万韩元，花900万韩元，投资100万韩元，就需要180,000万的系统资产，同样也需要38年6个月。如果生计费用所占收入的比重相同，那么不管收入是多是少，都需要相同的时间。

如果始终把收入的90%都用于生计费用（也就是踏上"贫穷之路"），那么想要成为富人，就要工作38年以上。也就是说，如果你28岁开始工作，要干到66岁才能成为富人。

相比之下，如果每个月只花掉 80% 的收入，然后把剩下的 20% 用于投资系统资产，则需要 27 年左右的时间，也就是到 55 岁。

等一下！

让我们来想一想，这意味着什么呢？也就是说，如果我们将收入的 20% 集中起来，投资收益率为 6% 的系统资产，那么任何人都可以在 55 岁时以富人的身份退休。而这与你赚多少钱没有任何关系。

如果把收入的 20% 用于投资，人人都能成为富人！

也许你会感叹，要成为富人需要 27 年之久，但是请想一想 55 岁就能退休而不愁养老的情形吧。身边又能见到多少这样的人呢？可能几乎没有吧。在 OECD[1] 成员国中，老年人贫困率排名第一的不是我们韩国吗？

当然，这里所说的富人并不是按照社会上的标准，比如说资产在 20 亿韩元以上的人才算作富人，而是在这本书中介绍的，我自己制定的标准，即系统收入超过生计费用，不用为了养家而工作的人。虽然不可能每个人都成为拥有资产 20 亿韩元的富人，但是我认为大家完全可以成为致富公式中的富人，只需要将收入的 20% 用于投资收益率为 6% 的系统资产就可以了。

在畅销世界的理财书籍中，大卫·巴赫（David Bach）的《自动百万富翁》(*The Automatic Millionaire*) 就是一本帮助人们阐释和实践这种理念的书。这本书中有一部分内容是这样的：有一天，一对听课的夫妇向正在讲授理财课程的作者提出了财务咨询的要

1　OECD：经济合作与发展组织（Organisation for Economic Co-operation and Development）。

求。丈夫是位 52 岁的普通公司职员，打算下个月退休，妻子是位美容师。把夫妻俩的全部收入加在一起，也并不算多。所以作者感到很诧异，丈夫怎么会这么有魄力，在 52 岁的年纪就决定退休，他们既没有可以继承的财产，也没有股票投资的经历，对金融知识看起来也不太了解。但是，当作者研究了他们夫妇的财务状况后发现，他们确实现在就可以退休了。因为无法理解他们是如何用微薄的收入完成了财富积累，所以作为财务咨询师的作者反过来向这对夫妇请教，而他们的回答非常简单。

就是把收入的 15% 无条件自动转账，用于投资！

工资一到账，就有 15% 的收入被自动转走，剩下的 85% 用于日常生活。从一开始就当自己的收入只有 85%，也就是先按照"财富之路"把 15% 投出去，然后拿着剩下的钱过日子。而自动转账的那 15% 就累积到退休养老金中，也就是美国的 401K 计划[1]。

他们之所以能成为富人，做的就只是这些。也就是说，收入的 15% 将会自动流出进行投资。他们从不用考虑投资标的，也不用关注经济新闻，只是拿着 85% 的收入，集中精力过日子。在他们投资期间，美国的股价涨幅为 10%。假设退休养老金也有这样的收益率，那么通过 10% 的系统收益率和 85% 的生计费用率，他们成为富人需要多长时间呢？

经过计算得出是 19 年。按照 10% 的收益率，像这样仅仅投资收入的 15%，就足以在 19 年的时间里成为富人。那个丈夫 20 多岁参加工作，到 52 岁就工作 30 年了，已经是个富人了，并不需要其

---

[1] 401K 计划：美国始于 20 世纪 80 年代初的企业年金，是一种由雇员、雇主共同缴费建立起来的完全基金式的养老保险制度。

他的秘诀或者额外的学习。此外，这对夫妇还贷款买了房子，通过自动转账偿还了贷款。还完贷款之后，他们又买了一套房子用来出租，然后用收来的月租以自动转账的方式还了第二套房子的贷款。就这样，通过自动转账投资了退休年金，又通过自动转账投资了房地产，从而成了百万富翁，所以这本书的名字就叫作《自动百万富翁》。

先把一定比例的收入送上"财富之路"，你就会自动成为富人了。

如果我们也可以用这么简单的方法成为富人就好了，可惜我们现在所处的情况不是那样的。韩国最近 5 年（2014~2018）的退休年金收益率仅为 1.88%[1]。就算是 2% 的收益率，依靠投资收入的 20% 成为百万富翁，也需要 80 年的时间。所以，光靠工资或者储蓄是不可能成为富人的。

因此，我们才会先探讨是否有取代方案，以达到收益率 6% 以上。如果年投资收益率能够达到 6%，你只要坚持把收入的 20% 进行投资，27 年后你就可以成为富人。

💎 不可忽略的税收和通货膨胀

在前面我们所做的计算中，其实还遗漏了两个因素，那就是"税收和通货膨胀"。从现实的层面来说，必须还要考虑这两点，因为它们会对我们目前所做的分析产生巨大的影响。

---

[1] 资料来源：韩国联合通讯社，2019 年 11 月 13 日。——作者注

如果考虑税收，那么税后的收益率就会变得更低。

由于各种税额扣除减免等情况存在，实际税率会因个人情况不同而千差万别，所以这里我们先假设税率为20%。即使获得了6%的收益，如果将其中的20%用于缴纳税金，那么税后的收益率就是6%×（1−20%）=4.8%。

另外，还要考虑通货膨胀。2015年至2018年间物价上涨率为1.462%，2018年韩国统计厅给出的消费者物价指数以2015年为基准是104.45。CAGR[1]在三年间上升了1.462%。2019年的物价指数上涨率很低，可能会出现通货紧缩，预估未来的物价上涨率在1.5%左右，那么税后实际收益率就是4.8%−1.5%=3.3%。

考虑到税收和通货膨胀，原本6%的收益率变为3.3%，几乎减少了一半。如果在制定理财的长期规划或者在计算金融产品的预期收益率时不考虑税收和通货膨胀的话，就会做出错误的判断。

前面我们提到的银行存款利率为1.8%，这也只是名义上的税前收益率。如果考虑税收和通货膨胀，税后实际收益率应为1.8%×（1−20%）−1.5%=−0.06%。这也正是为什么仅靠银行存款很难成为富人。现在银行存款的实际收益率是负的，所以如果你把它绑定在

---

1 CAGR："Compound Annual Growth Rate"的缩写，即复合年均收益率，是使用复利的方式计算的几何平均收益率，而不是由单利计算的算术平均收益率。例如，以100韩元购买股票，第一年年末上涨50%至150韩元，第二年下跌50%至75韩元，其算术平均值为"+50%"和"−50%"的平均值，即为0%。而实际上，100韩元购买的股票下跌25%至75韩元，其平均收益率也是0%。因此，年平均收益率要使用几何平均值来计算。几何平均收益率是指通过对时间进行加权来衡量最初投资价值的复合增值率。如果100韩元想在2年后变成75韩元，每年要减少13.4%。即100韩元×（1−13.4%）×（1−13.4%）=75韩元，因此CAGR为"−13.4%"。

存款上，虽然可以保住钱，却保不住财富。

那么，现在让我们根据 3.3% 的税后实际收益率来计算一下成为富人所需的时间吧。如果将收入的 20% 用于投资，按照 6% 的收益率来计算，27 年就可以成为富人，但是如果按照 3.3% 的收益率，则需要 49 年才能成为富人。随着收益率减半，致富时间会成倍增加。也就是说，如果从 28 岁开始工作，到 77 岁才能成为富人。这样不仅需要的时间太长，而且要坚持工作到 77 岁也很困难。

为了更快地成为富人，你应该花得更少些，把更多的钱送上"财富之路"。

◆ 要想办法缩短财富积累的周期

如果把税收和通货膨胀考虑在内，即使把收入的 20% 投到"财富之路"上，也需要 49 年才能成为富人。因此，如果想要尽快成为富人，过上自己想要的生活，就应该缩减生计费用，增加"财富之路"的投资。

之前不考虑税收和通货膨胀，我们计算的成为富人的时间，在这种情况下也有所改变，如表 10-2 所示。

表 10-2 考虑到税收和通货膨胀，成为富人所需的时间

生计费用率（%）	不考虑税收和通货膨胀，所需投资时间	考虑税收和通货膨胀，所需投资时间
90	462个月（38年6个月）	839个月（69年11个月）
80	323个月（26年11个月）	587个月（48年11个月）
70	242个月（20年2个月）	439个月（36年7个月）

续表

60	184个月（15年4个月）	334个月（27年10个月）
50	139个月（11年7个月）	253个月（21年1个月）
40	103个月（8年7个月）	187个月（15年7个月）
30	72个月（6年）	130个月（10年10个月）

如果把收入中的30%投资到"财富之路"上，那么36年7个月就能成为富人。28岁开始工作，65岁成为富人。更有甚者，如果把收入的40%投出去，就可以在56岁时退休；如果是50%，就可以在50岁时作为富人退休。

就像"FIRE族"一样，能够实现财务独立、提前退休也正是因为这种做法。"FIRE族"的目标是积攒70%的收入，在40岁左右退休。如表10-2所示，如果只花收入的30%，而把70%的钱投在"财富之路"上，即使考虑税收和通货膨胀，11年后，也就是在39岁时就能成为富人。

事实上，成为富人的最基本的原则是人人都知道的，那就是"要节省、要积攒"。这也是我们父母一再和我们强调的生活之道。

没错，要想成为富人，无论如何都要省着攒着。只是，现在光靠省吃俭用是不可能成为富人的，还得再加一样。

不仅要节省，而且攒下来的钱还要拿去"投资"！

如果想要在65岁退休的时候成为富人，我们大部分人就必须把收入的30%拿去投资。如果你想更快地成为富人，就需要把收入的40%用于投资，这样你就可以在50多岁的时候实现财富自由并退休了。如果把收入的50%攒起来投资，那么50岁时就能成为富人。

当然，要积攒收入的40%~50%并非易事。即便如此，也不是完全做不到的。

　　关于如何省吃俭用攒工资，请你参考理财类畅销书《妈妈咪呀月薪理财实践法》，书中详细论述了避免不必要开支的各种方法。作者向我们证明，存下收入的 50% 用于投资并不是妄想，也向我们展示了在其经营的"工薪阶层理财研究"社群中，会员们的储蓄与投资比率，如图 10-3 所示。

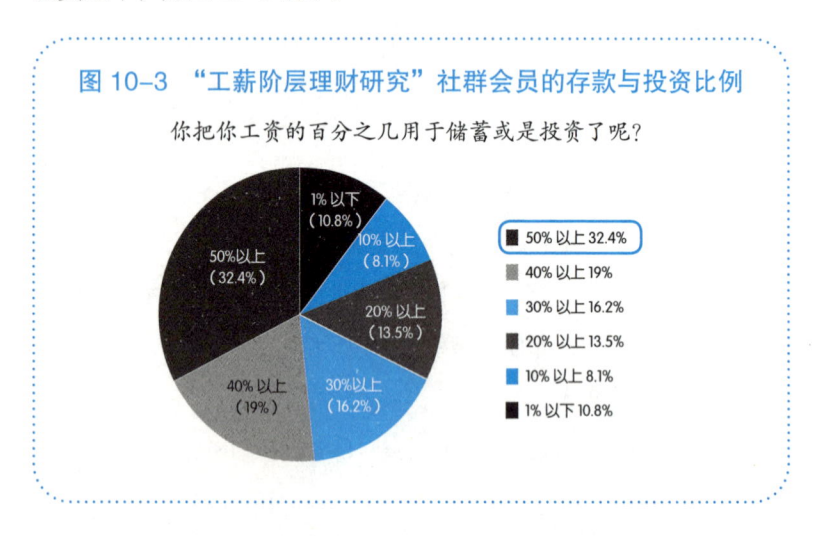

> **图 10-3　"工薪阶层理财研究"社群会员的存款与投资比例**
>
> 你把你工资的百分之几用于储蓄或是投资了呢？
>
> - 50% 以上 32.4%
> - 40% 以上 19%
> - 30% 以上 16.2%
> - 20% 以上 13.5%
> - 10% 以上 8.1%
> - 1% 以下 10.8%

　　可以看出，将月薪的 50% 以上拿来储蓄或是投资的人出乎意料地多，而过半数的会员将其月薪的 40% 以上用于储蓄或是投资。

致富练习

要投资多少钱才能变成富人呢？

在第八章的致富练习中，我们用 Excel 求出积累目标资产所需要的时间。本章中出现的"按照生计费用率计算的致富时间"也是用 Excel 得出的数据。当收入为 100 时，如果生计费用率为 70%，那么生计费用即为 70，月投资金额为 30。如果收益率为 6%，则系统资产目标为（70×12）÷6%=14,000，因此带入参数整理如下：

> RATE（收益率）=6%/12=0.5%
>
> PMT（支付额）=（−）30
>
> PV（当前余额）=0
>
> FV（未来目标金额）=14,000

	A	B	C	D	E	F	G
	A1		fx	=NPER(6%/12,−30,0,14000)			
1	241.396						

如果考虑 20% 的税率和 1.5% 的通货膨胀率，那么税后实际收益率为 6%×（1−20%）−1.5%=3.3%。现在的系统资产目标是（70×12）÷3.3%=25,454.5，要达成目标所需的时间从 242 个月增加到了 439 个月。

A1			fx	=NPER(3.3%/12,-30,0,70*12/3.3%)		
A	B	C	D	E	F	G
438.41						

现在反过来，让我们算一算想在希望的时间内成为富人需要投资多少吧。在规定的投资期限（NPER）的情况下，计算出需要的支付额（PMT），在这种情况下，使用PMT函数代替NPER函数就可以了。PMT函数的使用方法如下：

> PMT（rate,nper,pv,[fv],[type]）

如果要计算"以10%的收益率在10年后想创造1,000,000韩元，每年要支付多少"，可以输入以下参数：

> RATE（收益率）=10%
> NPER（支付次数）=10
> PV（当前余额）=0
> FV（未来目标金额）=1,000,000

A1			fx	=PMT(10%,10,0,1000000)		
A	B	C	D	E	F	G
-W62,745						

这意味着，如果你想在10年后以10%的收益率创造1,000,000韩元，你需要每年投资62,745韩元（约人民币310元）。

假设你现在35岁，在23年（276个月）之后的58岁想成为富人，目标系统收入为每个月 2,000,000 韩元，按照税后实际收益率 3.3% 来计算，目标系统资产则为（2,000,000 韩元 ×12 个月）÷3.3%=727,272,727 韩元（约人民币 363.63 万元）。

如果到目前为止你积攒的资产是 2 亿韩元，那么从现在开始每个月要投资多少呢？由于目前持有的 2 亿韩元需要以 3.3% 的收益率进行投资（即函数内定义为需要支付额），所以当前余额为 –2 亿元。

> RATE（收益率）=3.3%/12
> NPER（支付次数）=23 年 ×12 个月
> PV（当前余额）=（ – ）200,000,000
> FV（未来目标金额）=（2,000,000×12）

在这种情况下，可以利用 PMT 函数求得：在现在拥有的 2 亿韩元的基础上，每个月再投资 73 万韩元（约人民币 3650 元），就能达到目标。

A1			fx	=PMT(3.3%12,23*12,–200000000,2000000*12/3.3%)				
	A	B	C	D	E	F	G	H	I
1	–₩728,756								

如果 Excel 使用得比较熟练，还可以按照以下方式更换收益率、投资期限、目标系统收入等数据，灵活计算月投资额。

	A	B	C	D	E
		fx	=PMT(B1/12,B2*12,B3,B6)		
1	收益率（年）	3.3%			
2	投资期限（年）	23年			
3	当前余额	-₩200,000,000			
4	目标系统收入	₩2,000,000			
5					
6	目标系统资产	₩727,272,727			
7	月投资额	-₩728,756			

目标系统资产（B6）的求值方法如下，目标系统收入（B4）乘以 12，再除以收益率（B1）。

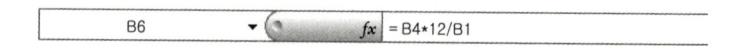

B6　　fx　=B4*12/B1

如果税后实际收益率能增加 1% 至 4.3%，则月支付额只需要 45,500 韩元（约人民币 227.5 元）。如果现在拥有的 2 亿韩元以每年 4.3% 的速度增加为复利，23 年后就能达到 5.3676 亿韩元（约人民币 268.38 万元），这笔钱就可以满足目标金额 5.5814 亿韩元（约人民币 279.07 万元）当中的绝大部分了，几乎不需要额外的支付款了。

	A	B	C	D	E
		fx	=PMT(B1/12,B2*12,B3,B6)		
1	收益率（年）	4.3%			
2	投资期限（年）	23年			
3	当前余额	-₩200,000,000			
4	目标系统收入	₩2,000,000			
5					
6	目标系统资产	₩558,139,535			
7	月投资额	-₩45,500			

　　如果现在还没有攒下钱，那么按照 3.3% 的收益率计算，每个月要投资 176 万韩元（约人民币 8,800 元），而按照 4.3% 的收益率计算，每个月要投资 119 万韩元（约人民币 5,950 元）。

	A	B	C	D	E
		fx	=PMT(B1/12,B2*12,B3,B6)		
1	收益率（年）	3.3%			
2	投资期限（年）	23年			
3	当前余额	₩0			
4	目标系统收入	₩2,000,000			
5					
6	目标系统资产	₩727,272,727			
7	月投资额	-₩1,763,801			

	A	B	C	D	E
		fx	=PMT(B1/12,B2*12,B3,B6)		
1	收益率（年）	4.3%			
2	投资期限（年）	23年			
3	当前余额	₩0			
4	目标系统收入	₩2,000,000			
5					
6	目标系统资产	₩558,139,535			
7	月投资额	-₩1,187,792			

第十一章

找到成为富人的路径

◆ 你需要属于自己的路线图

即使你同意我的观点"只有系统收入超过生计费用才能成为富人",实现这一目标的过程也需要每个人自己去思考。即使目的地一致,如果出发的位置不同,导航给出的路线也不尽相同。同样的,即使是想成为富人的目标相同,但是各自的财务状况和环境也是不一样的。因此,自己的路径需要自己去思考、去寻找、去实施。我不能告诉你成为富人的路径,但我可以介绍一些找寻路径的方法和案例。

在制订具体的财富计划之前,让我们再来梳理一下基本原则吧。减肥有很多方法,但根本原则大概就是"少摄入、多运动"。同样的,成为富人的根本原则也是如此。

把固定比例的收入积攒起来去投资,将此目标细化:

- 在达成目标的计划时间内,最少要将收入的 30% 积攒下来。
- 把攒下的钱用于投资年收益 6% 以上的资产。

最好把收入的 30% 先拿出来，就当你的实际收入只有 70%。不要断言你做不到，收入比你少 30% 的人就是这样生活的。不是让你生活得穷困潦倒，而是为了帮助你摆脱贫困，获得财富自由，走上"财富之路"而要求你节省。

再次强调一下，在致富公式中，成为富人的方法不是"赚很多的钱"。不管你赚多少钱，都要把其中的 30% 以上积攒起来去投资。比起赚 1,000 万韩元花 800 万韩元的人，赚 200 万韩元花 140 万韩元的人反而能更快地成为富人。你不会觉得这不可能吧？然而找我倾诉财务烦恼最多的人是医生，他们向我询问的并不是如何能让医院做得更好，赚得更多，他们往往主要问我两个问题，一个是"如何投资"，另一个是"怎么说服妻子"。事实上，经常有人向我询问这种问题。

"我的职业是专业人士（医生）。我很担心以后会变成什么样子，但是我的妻子似乎完全没同感。她觉得不管怎么样，丈夫都会赚到钱，自己的角色就是努力花钱。不管我挣钱有多辛苦，结果还是攒不下钱。那么，我该如何解决呢？"

有很多曾经事业有成的富豪过着悲惨的晚年生活，而与之相反的是，也有人在市场上靠卖水果购置了房产。因此，我还是要不厌其烦地强调：比起你能挣多少钱而言，你能攒下多少钱更为重要。

医生们问得最多的那两个问题最终构成了致富公式。"如何投资"可以看作如何增加系统收入，"怎么说服妻子"则可以看作如何减少生计费用（攒下多少钱）。那就让我们以这两个主题来制定致富方案吧。

◆ 不用养家的单身人士，至少要把收入的 50% 攒下来

既然成为富人的根本原则是"积攒收入的一部分进行投资"，那么，第一步就是把一部分收入积攒下来。可是我们到底应该积攒多少呢？之前我们提到，建议至少积攒 30% 以上的收入，当然越多越好。但是，与其把目标定为"尽最大的努力"或是"最大限度的多"，还不如根据实际情况，定下一个可以实现的具体数值。

除了生计费用外，剩余资金的规模取决于不同人生时段或是需要抚养的家庭成员的数量。20 多岁的单身男士和 40 多岁的一家之主的支出规模必然是不同的。我想还是根据年龄和情况的不同进行区分，然后，给出一些可供参考的意见。如果你是单身，我建议你至少要积攒收入的 50%。从某种角度来说，职业生涯的初期是攒钱的最佳时机。在开始社会生活的初期，我身边就有人甚至一分钱都不花，攒下了工资收入的 100%。

会计师事务所的工作本来就很繁忙，业务量很大，经常加班。在那个时候，我的工作强度对现在的我来说，简直难以想象。一周工作 52 个小时，几乎每天都要加班，不过，值得庆幸的是，加班的话，会有加班费。虽然钱不是很多，但是足够支付一整天的饭钱和交通费用了，所以，上下班和吃饭的问题就解决了。我的同事家在首尔，因为他还没有结婚，和父母一起生活，所以不需要另外支出住宿费用。于是，他拿着加班费过日子，把工资全部存了起来。当然，因为是和父母一起生活的未婚者，所以这才有可能。如果觉得积攒 100% 有些困难，那么 50% 难道不值得去挑战一下吗？

事实上，结婚之前的最大支出之一就是约会的费用了。为了讨好异性，你会花很多钱去装饰或者打扮自己。去平时连想都不会想的高级餐厅用餐，在纪念日的时候还会以"特别的日子"为由相互赠送昂贵的礼物。虽然你会认为"这可是一年只有一次的生日，即使这样过也不算什么"，但事实是，一年只有一次的并不仅仅是生日，还有情人节、白色情人节、玫瑰情人节、光棍节、圣诞节，初次见面的日子、确定恋爱的日子、第一次牵手的日子、第一次亲吻的日子，等等，也都是一年只有一次的。甚至还有一生中只有一次的100天、200天、300天纪念日，你要怎么过呢？

面对未来要相伴一生的配偶，如果两人的价值观总是发生冲突，那可是很不明智的。也有这样的情侣，交往了很久，最终还是因为无法克服的信仰差异而分手，或是因为双方父母意见不合，订婚后又退婚的。因此，十分有必要在恋爱之初就确认彼此的人生观和世界观。在这里，我还想再增加一点，那就是经济观念。

如果夫妻之间对于金钱的看法或是经济观有很大差异，婚姻生活也会出现问题。大概在共同生活了十年之后，你可能会发邮件来问我："会计师，我该怎么说服我的妻子少花钱呢？"所以，就如同我们要了解彼此的宗教信仰一样，确认双方对金钱的看法和态度也是很有必要的。如果很难直接问出口，在读完这本书之后，建议你让你的恋人也来读一读，然后，互相聊聊对书中内容有什么看法。如果彼此的想法大致相似，那么恭喜你，你们未来可能会更加合拍。如果彼此对未来满是憧憬，也可以坐在一起，好好制作一张属于你们二人的财务报表，好好规划一下未来红火的小日子。

💎 丁克一族也至少要将收入的 30% 攒下来

如果结婚后夫妻二人都有工作，而且还没有子女，就要像单身的时候一样，积攒夫妻俩收入总和的 50% 以上。因为等有了孩子，就很难存钱了。

如果你已经生儿育女，你可以为自己节省开支，但是给孩子节省开支可要困难得多。如果把自己的开销节省一点，倒还可以忍受，但是要把给孩子的开销省下来，会感觉愧疚无比。其实，在咖啡店每天买一杯咖啡的花销，和一个孩子每天的奶粉钱大致相当。可是，不喝咖啡和不喝奶粉相比，哪一个更难呢？

年轻的时候活得艰辛，也不是什么悲惨的事，但是，当你有了要养育的子女，如果你感到贫穷困苦，就会很悲惨。正如前面我提到过的，我在 13 坪的全租房里度过了我的新婚生活，可这并没有给我带来什么不便。直到现在，我还能时常回忆起那时的美好，尤其是当我坐在现在的家里，看着孩子们在院子里的草坪上嬉戏玩耍的时候。

新婚生活的幸福并不是缘于富足。如果真的是因相亲相爱而结合的婚姻，即使没有富足的物质也能幸福地生活。新婚生活的不幸也不是缘于"不富足"，而是因为"比较"。如果你有和身边的人进行比较的习惯，那么不管你达到了什么程度，都很难过上令自己满意的生活。原来生活在贫困小区，后来攒了钱搬到富人小区，会满足吗？因为身边的富人反而更多了，即使会感到满足，也只会是很短暂的。

心理学研究表明，人们往往很容易适应新事物，因此不会感受到持久的满足感。与吃 5,000 韩元午餐的人相比，吃 6,000 韩元午餐的人会多幸福 20% 吗？每天吃 10,000 韩元的一顿饭，就会感到双倍的幸福吗？也许当你从吃 5,000 韩元的午餐，发展到吃 10,000 韩元的午餐的那一刻，你会感到幸福，但是这种幸福并不能持久。与之相反，你 2 倍的支出却是持续的。

如果你害怕缩减开支的痛苦，那么就请你记住以下的事实吧。星期五和星期天，你更喜欢哪一天呢？大多数人都喜欢星期五胜过星期天。可是，星期天是休息日，而星期五是工作日，那么为什么会喜欢星期五呢？这就是缘于对未来的期待。因为星期五之后是星期六和星期日，而星期日之后不就是星期一了吗？从消费的角度来看，比起拥有了一件渴望已久的东西，期待拥有的那段时间反而会更让人幸福。

当我问了儿子想要什么圣诞礼物之后，还不知道圣诞老人真正身份的儿子，就会对能不能得到那个礼物充满期待。从那天以后，每天早上睁开眼，他都会先问我："爸爸，现在离圣诞节还有几天啊？"他每天都在想象，如果圣诞老人能送给他一辆他最想要的玩具汽车，那该多好啊。终于，他收到了渴望已久的汽车作为圣诞礼物，当时他高兴得几乎要跳起来了。但是玩了几个小时后，他很快就没了兴致。圣诞节之前的那一个星期和圣诞节过后的一个星期相比，哪一个星期儿子感觉更幸福呢？在我看来，收到礼物之前比收到礼物之后更幸福。同样的，对于自己想要的东西，买到之前比买到之后更幸福。所以，有些东西你暂时先不要买，充分地享受幸福就好了。因为现在缩减的开支，以后会变成更大的礼物等着你。

◈ 有了孩子，也至少要把收入的 30% 用于投资

孩子出生之后，支出就会突然增多。"多了一张嘴而已"的描述是远远不够的。考虑到孩子出生前后的差异，如果你在孩子出生前能够积攒收入的 50% 或 60% 以上，那么孩子出生后，你也就能积攒 30% 的收入。如果夫妻中有一人不得不辞职在家照看孩子，那情况就更严重了。收入减少了 50%，支出却增加了 50%，因此，养育孩子可能会成为一个很大的负担。

抚养一个孩子到底需要多少钱呢？我们可以参考一下首尔家庭法院制定的《抚养费计算标准》，如表 11-1 所示。这个计算标准表是当夫妻离婚时，根据子女由谁抚养而计算得出的非抚养人需承担的抚养费金额。在这里，我们暂且将它拿来作为参考。表 11-1 是 2017 年修订后直到 2019 年仍在适用的计算标准表。它是以两个人养育一个孩子的家庭为基准，根据父母的合计收入和子女的年龄计算的标准抚养费。将计算得出的标准抚养费除以父母的合计收入，就可以计算得出与其收入相对应的抚养费负担率，见表 11-2。

表 11-1 抚养费计算标准表

父母合计收入（税前）	0~199万韩元	200~299万韩元	300~399万韩元	400~499万韩元	500~599万韩元	600~699万韩元	700~799万韩元	800~899万韩元	900万韩元以上
子女的年龄	平均抚养费（韩元）（抚养费区间）	平均抚养费（韩元）（抚养费区间）	平均抚养费（韩元）（抚养费区间）	平均抚养费（韩元）（抚养费区间）	平均抚养费（韩元）（抚养费区间）	平均抚养费（韩元）（抚养费区间）	平均抚养费（韩元）（抚养费区间）	平均抚养费（韩元）（抚养费区间）	平均抚养费（韩元）（抚养费区间）
0~2岁	532,000	653,000	818,000	948,000	1,105,000	1,294,000	1,388,000	1,587,000	1,753,000
	219,000~592,000	593,000~735,000	736,000~883,000	884,000~1,026,000	1,027,000~1,199,000	1,120,000~1,341,000	1,342,000~1,487,000	1,488,000~1,670,000	1,671,000以上

续表

3~5岁	546,000	732,000	896,000	1,053,000	1,189,000	1,379,000	1,576,000	1,732,000	1,924,000
	223,000~ 639,000	640,000~ 814,000	815,000~ 974,000	975,000~ 1,121,000	1,122,000~ 1,284,000	1,285,000~ 1,477,000	1,478,000~ 1,654,000	1,655,000~ 1,828,000	1,829,000以上
6~11岁	623,000	776,000	952,000	1,136,000	1,302,000	1,514,000	1,605,000	1,830,000	2,164,000
	244,000~ 699,000	700,000~ 864,000	865,000~ 1,044,000	1,045,000~ 1,219,000	1,220,000~ 1,408,000	1,409,000~ 1,559,000	1,560,000~ 1,717,000	1,718,000~ 1,997,000	1,998,000以上
12~14岁	629,000	774,000	995,000	1,220,000	1,386,000	1,582,000	1,718,000	1,876,000	2,411,000
	246,000~ 701,000	702,000~ 884,000	885,000~ 1,107,000	1,108,000~ 1,303,000	1,304,000~ 1,484,000	1,485,000~ 1,650,000	1,651,000~ 1,797,000	1,798,000~ 2,143,000	2,144,000以上
15~18岁	678,000	948,000	1,205,000	1,376,000	1,610,000	1,821,000	1,970,000	2,124,000	2,664,000
	260,000~ 813,000	814,000~ 1,076,000	1,077,000~ 1,290,000	1,291,000~ 1,493,000	1,494,000~ 1,715,000	1,716,000~ 1,895,000	1,896,000~ 2,047,000	2,048,000~ 2,394,000	2,395,000以上

※ 以全国夫妻二人养育子女的家庭为标准。

来源：首尔家庭法院

表 11-2 收入与抚养费负担率比对

子女的年龄	综合收入中间值	250万韩元	350万韩元	450万韩元	550万韩元	650万韩元	750万韩元	850万韩元
0~2岁	抚养费（韩元）	653,000	818,000	948,000	1,105,000	1,294,000	1,388,000	1,587,000
	收入占比（%）	26.1%	23.4%	21.1%	20.1%	19.9%	18.5%	18.7%
3~5岁	抚养费（韩元）	732,000	896,000	1,053,000	1,189,000	1,379,000	1,576,000	1,732,000
	收入占比（%）	29.3%	25.6%	23.4%	21.6%	21.2%	21.0%	20.4%
6~11岁	抚养费（韩元）	776,000	952,000	1,136,000	1,302,000	1,514,000	1,605,000	1,830,000
	收入占比（%）	31.0%	27.2%	25.2%	23.7%	23.3%	21.4%	21.5%
12~14岁	抚养费（韩元）	774,000	995,000	1,220,000	1,386,000	1,582,000	1,718,000	1,876,000
	收入占比（%）	31.0%	28.4%	27.1%	25.2%	24.3%	22.9%	22.1%
15~18岁	抚养费（韩元）	948,000	1,205,000	1,376,000	1,610,000	1,821,000	1,970,000	2,124,000
	收入占比（%）	37.9%	34.4%	30.6%	29.3%	28.0%	26.3%	25.0%

由表可见，标准抚养费设定在收入的 20%~30% 之间。因此，一

个家庭在孩子出生之前可以攒下收入的30%，在孩子出生之后却很难攒下一分钱了。所以，在你还没有孩子之前，应该要积攒收入的50%以上。

子女出生后增加的支出之中，占最大比例的就是教育费用。表11-3是韩国家庭金融福利调查统计资料中，不同人口数的家庭各类消费支出的比较。

表 11-3 不同家庭的各类消费支出比较

（单位：万韩元，%）

家庭成员人数 支出划分	两口人 金额	三口人 金额	三口人 增长率	四口人 金额	四口人 增长率
消费支出	1,990	3,107	56.1	3,927	26.4
食品支出	632	913	44.5	1,084	18.7
住宿费	287	341	18.8	370	8.5
教育费用	30	312	940.0	745	138.8
医疗费	212	187	−11.8	180	−3.7
交通费	208	327	57.2	369	12.8
通信费	114	204	78.9	247	21.1
其他支出	507	824	62.5	932	13.1

来源：韩国国家统计门户网站（kosis.kr），家庭金融福利调查，2019年数据资料

当家庭成员从两个人增加到三个人，再到四个人，教育费用会急剧增加。其在所有消费支出中所占的比重，也从二人世界时的1.5%增加到三口之家的10%，再到一家四口时的19%。由此可见，随着子女人数的增加，教育费用将会成为一个相当大的负担。

与此相关，我想和大家分享一个十多年前的职场前辈的故事。他是和我在同一家会计师事务所工作的前辈，有两个孩子。一说起

孩子们的教育，他就会肯定地说自己不会给孩子上任何课外辅导。他说他曾经计算过，要想让孩子们像自己一样学习，直到能做一名会计师，需要花费多少课外辅导费用，结果显示，每一个孩子的教育费用就相当于一套房子的价钱。为了让孩子学习，就要投资一套房子的价钱，于是他转换立场，反过来想了一下。

是父母培养我好好学习当会计好呢，还是直接给我买套房子好呢？

如果想把当会计的工资攒起来买一套房子，需要十多年的时间，这还得一分钱都不花，全攒起来。而现实的情况是，工作15年以上才能勉强买到一套房子。那么，一开始没有房子的会计师和一开始就有房子的普通上班族，谁会过上更让人满意的生活呢？仔细想了想，当然是后者。所以他说，不给两个孩子报课外辅导了，而是要给他们每人买一套房子，让他们去做自己想做的事，我对此表示完全同意。

我也不想为了孩子能考进名牌大学而把自己的两个孩子送去上无休无止的课外辅导（我本来想写"完全不想"，但是有人说过，人生不是我们可以确信的）。我想教给孩子们的，不是如何在大企业里就职，或是成为医生、律师等专业人士，我真正想教给他们的，是如何创造系统收入。我也曾是过着高收入"奴隶生活"的专业人士，但是，直到我具备了系统收入之后，才享受到了财富自由。在我看来，与其把钱花在孩子的课外辅导上，还不如用这笔钱给孩子投资系统资产。

"反正我已经为你创造了系统收入，你自己想做什么就去做吧。不管做什么我都支持！"

如果我教会你如何创造系统收入,又帮助你构建了系统收入,那么,我想我已经尽我所能给你提供了所有的支持。除此之外,我还想为孩子们做的只有一件事,就是让他们养成两个好习惯。

读书和运动!

在我看来,如果具备了系统收入,又养成了读书和运动的习惯,那么我的两个儿子就一定能比我活得更精彩。当我决定移居济州岛时,周围的人问了我很多问题,其中一个问题就是:"孩子的教育怎么办?"当孩子们具备了系统收入,同时又培养了良好的读书习惯和运动习惯,在济州岛还是在农村,又会有什么不同呢?

读书和运动这两件事,一定需要课外辅导吗?

说到这儿,我希望你明白:你需要做的是把收入的30%攒起来!

◆ 投资越晚,需要投入的金额越大

我想,这本书的读者里,也有已经40岁或50岁的人吧。读到这里,也许你会后悔:"为什么我早不知道这些呢?要是早一点知道就好了。"其实,我也是到了40岁才意识到这一点。

懂得了致富公式后,有一天,我正洗着澡,忽然眼泪夺眶而出。虽然知道要创造系统收入,但是不知道该怎么做。虽然知道有系统性资产收益率超过6%的,但是没有足够的钱去投资这些资产,因此,我还是要依靠讲课这种繁重的劳动为生。我找到了一个可以获得财富自由的方法,但是,因为我没有钱,无法将其付诸实践。如果我拥有一对有钱的父母,或者如果我能在赚得多的时候少花一点，好好存起来，抑或如果我能早点儿意识到这一点，那该多好啊！

在结束了比平时还辛苦的 8 个小时授课讲座之后，回到家洗澡的时候，我的眼泪突然就夺眶而出。然后我瘫坐在浴缸里痛哭流涕。虽然我很担心在外面的妻子听到我的哭声，但还是根本停不下来，因为实在是太委屈太气愤了。

如果在年轻一点的时候就意识到这些就好了！如果有人再早一点告诉我该多好啊！

当然，这本书将会给我带来"版税"这一系统收入，但即使它不是系统收入，我也一定要把这本书的内容告诉大家。我甚至贪心地希望能把它写进小学、初中、高中的教科书里，好让所有人都能早点明白。很多人在年纪比较大的时候才醒悟，可能会产生和我类似的想法。

虽然晚了，但也没办法。即使是从现在开始，也应该把知道这件事情当作不幸中的万幸，进而去寻找更好的方法。如果是孩子正在成长期，那么削减开支绝非易事。如果一直支付着课外辅导的教育费用，那么从现在开始是否有可能停止支付呢？没有经验的我实在是无法判断。无论哪种情况都需要自己去寻找答案。

如果在目前的情况下，削减开支很困难，那就别无选择，只能增加收入了。如果通过缩减支出，也不能把收入的 30% 都攒下来，那就要通过增加收入来确保 30% 的积蓄。把遥控器放下，从沙发上站起来吧。不是为了孩子，而是为了找到自己的人生，为了从劳动中解脱出来，以获得经济上的自由而行动起来吧。如前所述，实际平均退休年龄是 57 岁，如果不是积攒了足够多的财产，以使退休后可以无忧无虑生活的话，就应该在"人生第一幕"结束，即退休后，开启"人生第二幕"。所以，从现在开始，就以"兼职"的形式准备起来吧。

值得庆幸的是，现在是一个做副业比以往任何时候都容易的时代。虽然也有人会说"经济不景气""生意不好做"，但是，这些仅仅是对那些在时代和变化发生之下，仍然固守过去的方法、不思进取的人来说的。正如著名的 YouTube 主播"申师仁堂"所说的，现在或许是檀君建国有史以来最适合赚钱的时代。但是，这并不意味着"任何人都能轻松地赚到钱"。过去，即使你有赚钱的想法、意志或是才能，也很难将其付诸实践。现在，很多方面的门槛都降低了。即便是租赁经营场所、招聘人员，就算你没有组织团队，也可以通过外包独自一人开展事业。

我最开始成立的股份公司也是一人企业。登录网上法人成立系统（startbiz.go.kr）独自一个人成立了公司，并且以低廉的费用获得了共享办公室，还利用自由设计师竞标的在线网站制作了公司的标志和名片。这就是一个能够独自一人成立公司并开展事业的世界，因此，做智能商店或是其他副业真的是容易得多。当然，开始很容易，但是取得成功仍然很难。不要妄想着立刻就能赚大钱，而是应该以开阔眼界、积累经验、为未来做准备为目的，一步步地接近目标。

即使不是自己创业，为了能够增加 30% 的收入，副业的可选择范围也变得更加宽广了。在运输或者配送领域，普通人每天可以投入 1~2 小时，做代理驾驶、商品配送、食品配送等多种工作。

如果因为体力问题，难以从事这些依靠劳动为主的副业，那么，找一些以资产为主的副业类型，也是不错的选择。如前文所述，让我们把假资产转变成真资产吧。如果家里有闲置的房子，比如由于孩子已经长大而不再使用的房间，就可以拿出来作为共享住宿。如果你在网上搜索"成为 Airbnb 的主人"，你就会立刻得到很多相关信息。像这样多多关注并仔细研究的话，你就会发现赚钱的机会比以前多了很多。

如果你还在为知道这些太晚而后悔不已，不如换个想法吧。虽然现在人们的平均寿命比过去增加了，但是退休年龄也比之前提前了。根据 OECD 预期寿命数据资料显示，1980 年的预期寿命为 65 岁，而到 2020 年已经增加到了 82.8 岁[1]。即使同样是 57 岁退休，过去退休后还有 8 年左右的余生，而现在退休后还剩下 26 年的时间。鉴于预期寿命增加了近 20 年，如果按照 30 岁进入公司，57 岁离开公司的情况计算，那就是已经工作了 27 年，而这也意味着退休后，还可以重新进入职场再开始工作一次。事实上，从韩国统计厅发布的雇佣动向数据资料来看，65 岁以上高年龄层的就业人数和雇佣率呈持续增加趋势（令人难过的是，比起"老年人的工作岗位增多"这种说法，这组数据更能表现的是，即使人老了以后，还会被迫去工作现场继续劳动）。

"人生第二幕"的说法已经非常常见了。从这个角度来看，我们不应该因为到了 50 岁才明白致富公式的原理而后悔，反而应该庆幸，在人生的第二幕开始之前我们就知道了。如果说在人生第一幕的时候我们纯粹是依靠劳动所得来维持生计，那么，在第二幕的时候我们就可以借助系统收入了。即使在第一幕时没有获得完全的财富自

---

[1] 数据来源：韩国国家统计门户网站，国际统计年鉴：预期寿命（OECD）。——作者注

由，只要你取得了一定的成果，第二幕时也就一定会过得舒服很多。

例如，假设人生的第二幕时期，我们所需的生计费用是每个月300万韩元，那么，在没有系统收入的情况下，就必须纯粹依靠劳动所得来维持生计。但是，即使没有实现财富自由，如果已经构建了100万韩元左右的系统收入，劳动所得只需要200万韩元就可以了。在年事已高的条件下，月薪300万韩元的工作岗位必然竞争激烈，而且很难找到，但如果是月薪200万韩元的工作，那么可选择的范围就会变得更大。如果系统收入是每个月200万韩元，那么只有剩下的100万韩元需要依靠劳动所得。如果是月薪100万韩元左右的工作，即使是从事自己认为有意义的、悠闲的志愿活动，也有可能获得收入。如果我们不是将退休定义为"从劳动中解放出来"，而是将其定义为"做真正想做的、有意义的事情"，并为之做好准备，那么，即使不能完全实现财富自由，也可以度过一个有意义的晚年。

如果有人感叹说，到了晚年还没有创造任何系统收入，我会告诉大家一个值得庆幸的事实——其实我们每个人都拥有系统资产。虽然它还没有创造收入，但它在我们老年时会提供系统收入的资产。这就是韩国全体国民义务性加入的国民养老金。虽然针对国民养老金有很多不同的意见，比如对国民养老金收益率的批评，还有基金枯竭可能性的判断等，但我还是很确定地认为它是一个很好的制度。如果真的连这个都没有了，那么老人们会怎样呢？没有自发构建系统收入的大多数人到了晚年都会有刻骨铭心的体会。

那么，能领取到多少养老金呢？登录韩国国民养老金公署的官方网站（nps.or.kr），就可以查询到自己未来领取养老金的预期金额。打开相关网页，通过申请进入个人页面，除国民养老金之外，还可以一次性查询到个人年金和退休年金。我也查询了一下，发现存在一笔不少的系统收入，这让我很是欣慰。但是如果把国民养老金当成应对老年生活的唯一手段，那么可能会大失所望。因为想要完全依靠这笔钱来养老还是远远不够的。不过如果只是把它当成养老的系统收入，那它就会很意外地变成一个大数目，可能比我目前构建的任何系统收入都还要大。每次一想到它跟税金一样从工资中被扣掉，就总是感觉有点怅然若失，可是当我想明白了它是自动投资到了系统资产之后，即使还算不上是"自动生钱"，也还是真的非常感谢它。

仅从这一点就可以看出，成为富人的第一步就是"积攒一定比例的收入"。虽然国民养老金的收益率并没有达到我们所期望的那么高的水平，但是只要不断积攒一定的比例收入进行投资，就能创造出相当可观的系统收入。我个人甚至觉得"年轻的时候还是尽可能地多积攒一点钱，不要把它们浪费在别的地方"。如果国民养老金是扣除每个人收入的 30%，用于投资收益率为 6% 的资产，就能使全国人民都变成富人了。如果真这样做，那么这世上还有比这更好的福利吗？

◈ 分散投资是获得 6% 收益率的保障

积攒的资金要投资到哪里呢？如果你已经计划好每个月要积攒多少资金来进行投资，那么，现在就到了计划投资项目的阶段了。同样的，我们的最终目的是投资系统资产，从而使系统收入超过生计费用，但是，到达目的地的路径可能会因人而异。关于投资，你可能会问：是选择安全投资，还是选择风险投资？

如果你能积攒下收入的 30% 以上，那么，只要投资达到 6% 的收益率你就能成为富人，所以，不用考虑太多的问题，安全地将它投资到系统资产上就可以了。每个月购买美国的固定分红优先股或是优先股 ETF 并积攒下来，如果获得分红，拿它来进行再投资。不过，在这种情况下，如果只投资美国优先股这一项资产，可能会面临美国利率上调或是汇率等风险，为了减少风险，分散投资是最基本的方法。

在关注美国分红股的同时，也要关注一下有月租收入的收益型房地产。虽然这需要有看房地产的眼光、相关的学习和实地考察，但是，像月租一样可以按时获得可靠的系统收入也是很少见的。分红股可以以小额的形式在每个月进行投资，但是投资房地产需要最起码的资金储备，因此，我推荐的方法是，先投资分红股，等积攒到了一定的数额，再转换成收益型房地产投资。

◈ 为了更高的收益，需要投资资产

在此之前，我们已经确认过，考虑到 20% 的税收和 1.5% 的通货膨胀率，要想将收入的 30% 积攒起来，通过 6% 的年收益率成为富人，需要 36 年 7 个月。当然，这仅仅是在 28 岁时开始工作，到 65 岁时成为富人的方法。如果你现在的年龄已经远远超过了 28 岁，那就很难实现了。虽然通过缩减开支来投资更大的收入比例也是可以达到的，但事实上要积攒收入的 30% 确实不是一件容易的事情，所以还是要期待更高的投资回报率。

税后实际收益率很重要

我之所以能在比预期更早的年龄成为富人，最大的原因就在于投资回报率。通过投资股票实现了年20%以上的收益率，所以我比预期更快地成了富人。如果税后收益率能达到20%，即使是投资30%的收入，也能在6年内成为富人，但这种情况需要系统资产持续带来20%的系统收益率，而在现实生活中，这几乎是不可能的。但是，如果投资资产的收益率较高，积累目标规模的系统资产需要的时间就会大大缩短。假设系统资产的税后实际收益率为3.3%（税前收益率为6%，税率为20%，通货膨胀率为1.5%），月收入为300万韩元，生计费用占70%，即210万韩元（即使月收入为1,000万韩元，生计费用为700万韩元，结果也是一样的），要想将这210万韩元的生计费用由系统收入来承担，则需要7.6364亿韩元（210万韩元×12个月÷3.3%，约人民币381.82万元）的系统资产。每个月投资90万韩元，要创造7.6364亿韩元所需要的时间会根据投资收益率的不同而发生变化，如表11-4所示。

表11-4 以每个月90万韩元构建7.6364亿韩元所需要的时间

生计费用率	目标系统收入	目标系统资产	税后实际投资收益率	投资期限
70%	210万韩元	7.6364亿元	3.3%	36年7个月
70%	210万韩元	7.6364亿元	6%	27年9个月
70%	210万韩元	7.6364亿元	8%	23年10个月

续表

70%	210万韩元	7.6364亿元	10%	21年
70%	210万韩元	7.6364亿元	15%	16年6个月
70%	210万韩元	7.6364亿元	20%	13年9个月

税后实际投资收益率只要能达到6%，就能将成为富人的时间缩短近9年。如果能达到8%，那么从28岁开始努力的话，到52岁就能成为富人了。那些梦想着在短期内大赚一笔的人往往会认为这区区2%的收益率是十分可笑的，而正是这2%的投资收益率将会带给你巨大的人生差异。

那么，为了能让投资收益率提高2%，我们可以选择什么方法呢？

比较股票与房地产的实际收益率

最应该优先考虑的投资资产就是股票和房地产。当然，股票和房地产投资都是有风险的，如果贸然闯入，可能会损失惨重。不过，投资任何资产都要做好承担损失本金风险的心理准备，系统资产也可能会价格下跌，但是，当初我们持有资产的目的不是通过处理资产而获得差价，而是通过拥有资产而获得系统收入，所以，只要能维持系统收入，即使是资产价值下跌也没有太大的关系。如果是以市场行情的差价为目的，投资资产在行情下跌时是会遭受损失的。

在韩国，作为投资资产，股票和房地产的收益率如何呢？哪一个才是更好的投资资产呢？虽然不能断定过去的情况在未来还会继续下去，但是，回顾过去有助于我们了解这两种资产的特性和未来走势。

让我们先来看看房地产的收益率吧。表11-5是KB国民银行公布的月度KB住宅价格动向。

从买卖指数来看，从1986年年末的33.72增长到2018年年末的99.98，如果换算成复利收益率，则为年收益率3.45%。

表11-5 KB住宅价格年度走势

年份	买卖指数	增减率（%）	年份	买卖指数	增减率（%）	年份	买卖指数	增减率（%）
1986年	33.72	7.08	1997年	53.70	1.97	2008年	79.91	3.11
1987年	36.11	13.22	1998年	47.06	−12.37	2009年	81.08	1.46
1988年	40.88	14.59	1999年	48.66	3.42	2010年	82.62	1.89
1989年	46.85	21.04	2000年	48.87	0.43	2011年	88.29	6.86
1990年	56.71	−0.55	2001年	53.70	9.87	2012年	88.26	−0.03
1991年	56.39	−4.97	2002年	62.52	16.43	2013年	88.59	0.37
1992年	53.59	−2.90	2003年	66.10	5.74	2014年	90.45	2.10
1993年	52.04	−0.10	2004年	64.74	−2.07	2015年	94.45	4.42
1994年	51.98	−0.20	2005年	67.34	4.01	2016年	95.73	1.35
1995年	51.88	−0.20	2006年	75.15	11.60	2017年	96.91	1.24
1996年	52.66	1.50	2007年	77.51	3.14	2018年	99.98	3.16

※ 在KB国民银行Liiv ON（onland.kbstar.com）上可以确认数据资料，将一定时间点（2019年1月）的住宅价格买卖水平换算成100后定为标准，呈现各个时间点的买卖水平的相对变动率。

来源：KB国民银行Liiv ON

那么股票呢？表 11-6 是各个年度的 KOSPI 指数。

KOSPI 指数是以 1980 年 1 月 4 日基准为 100 计算，截至 2019 年年末指数为 2197.67，大概上涨了 22 倍（但是其缺点是那些因被撤销而退市的股票项目没有得到反映）。40 年上涨了 2,200%，以复合年均增长率（CAGR）[1] 换算，相当于年收益率为 8.03%；这可是能实现致富公式的超强收益率。参考与房地产同时间段的收益情况，即 1986 年至 2018 年的收益率，那也是 6.49%。在韩国，虽然大家对家庭资产中的房地产依赖度很高，但从以往的收益率来看，股票是房地产的 2 倍左右。

表 11-6 各年度 KOSPI 指数

（单位：点，%）

年份	指数	增减率	年份	指数	增减率	年份	指数	增减率
1981年	131.3		1994年	1027.37	18.61	2007年	1897.13	32.25
1982年	128.99	-1.76	1995年	882.94	-14.06	2008年	1124.47	-40.73
1983年	121.21	-6.03	1996年	651.22	-26.24	2009年	1682.77	49.65
1984年	142.46	17.53	1997年	376.31	-42.21	2010年	2051.00	21.88
1985年	163.37	14.68	1998年	562.46	49.47	2011年	1825.74	-10.98
1986年	272.61	66.87	1999年	1028.07	82.78	2012年	1997.05	9.38
1987年	525.11	92.62	2000年	504.62	-50.92	2013年	2011.34	0.72
1988年	907.2	72.76	2001年	693.7	37.47	2014年	1915.59	-4.76

---

1 复合年均增长率：简称"CAGR"，是"Compound Annual Growth Rate"的缩写，即一项投资在特定时期内的年度增长率。

续表

1989年	909.72	0.28	2002年	627.55	-9.54	2015年	1961.31	2.39
1990年	696.11	-23.48	2003年	810.71	29.19	2016年	2026.46	3.32
1991年	610.92	-12.24	2004年	895.92	10.51	2017年	2467.49	21.76
1992年	678.44	11.05	2005年	1379.37	53.96	2018年	2041.04	-17.28
1993年	866.18	27.67	2006年	1434.46	3.99	2019年	2197.67	7.67

但是，也不能仅凭这些就断定股票是比房地产更好的投资资产。在这里，还有几个因素需要考虑。第一个因素是不同时期内的收益率偏差。股票和房地产的收益率按年代顺序比较的结果如表11-7所示。

表11-7 不同时期内股票和房地产的收益率

年份	房地产			股票		
	起始指数	最终指数	CAGR	起始指数	最终指数	CAGR
1986~1989	33.72	46.84	11.58%	272.61	909.72	49.44%
1990~1999	46.84	48.66	0.38%	909.72	1028.07	1.23%
2000~2009	48.66	81.08	5.24%	1028.07	1682.77	5.05%
2010~2018	81.08	99.97	2.35%	1682.77	2041.04	2.17%

事实上，股票投资的高收益率是20世纪80年代的事情了，当时甚至创下了年收益率近50%的纪录。而到了1990年以后，相对于房地产投资而言，股票收益率已经很难称得上遥遥领先了。从1990年到2018年，二者的CAGR相差并不大，房地产为2.65%，

股票为 2.83%。此外，正如我们在前文中多次提到的，房地产可以灵活运用杠杆效应，我们可以利用银行贷款进行较小金额的投资，如果价格涨幅高于银行利率，那么实际投资回报率就会变得更高。

平均来看，杠杆效应究竟有多大呢？为了了解这一情况，我们比较了银行贷款利率和住宅价格上涨率。在韩国银行经济统计系统（ecos.bok.or.kr）上可以查看房贷利率，而从可以获取数据的 2009 年起直到最近，房贷利率和住宅价格上涨率的比较，见表 11-8。

表 11-8 房屋抵押贷款利率 VS 房屋买卖指数变动率

（单位：%）

类别\年份	2009	2010	2011	2012	2013	2014	2015	2016	2017	2018	平均值
住房抵押贷款利率	4.85	4.71	5.20	4.60	4.04	3.63	3.08	2.93	3.05	3.25	3.93
房屋买卖指数变动率	1.46	1.89	6.86	-0.03	0.37	2.1	4.42	1.35	1.24	3.16	2.28
超额收益率	-3.39	-2.82	1.66	-4.63	-3.67	-1.53	1.34	-1.58	-1.81	-0.09	-1.65

来源：韩国银行经济统计系统

巧合的是，贷款利率的平均值为 3.93%，而在这期间住宅价格上涨率的平均值为 2.28%，基于银行贷款的杠杆效应几乎没有任何体现。房地产投资的收益率不如股票投资的收益率，也不及抵押贷款的利率，这与一般人的期待或预想完全不同。这里面有几个原因。首先，应该好好看一看住宅包括的范围。表中显示的住宅买卖指数包括三种住宅类型，即公寓、独立住宅、联合住宅的综合指数，而我们投资关注的房地产大部分都是公寓。公寓买卖指数与住宅买卖综合指数比较，产生的差异如表 11-9 所示。

此外，从 1990 年到 2018 年，公寓的价格上涨率为 4.04%，高于股票（2.83%）。因此，如果将房地产和股票进行比较，可以说股票的收益率较高，但是，如果将房地产限定为公寓，再来和股票进行比较，则可以说公寓的收益率更高。

如果把住宅地区限定在首尔，那这种差别就更大了。首尔地区的公寓买卖指数从 1990 年年末的 24.02 上涨到了 2018 年年末的 100.01，其年增长率为 5.04%。与同期的股票相比，上涨率接近其 2 倍。此外，最近 5 年首尔公寓的年均上涨率是 7.09%，而 KOSPI 指数的年均上涨率仅为 1.6%，所以，公寓的价格上涨率远远高于股票。如果再考虑到贷款的杠杆效应，那么，最近 5 年首尔公寓的收益率绝对会压倒性胜出。再加上这种近期效应，对普通人来说，房地产绝对是比股票更好的投资手段。

表 11-9 公寓买卖指数 VS 住宅综合指数

年份	公寓 起始指数	公寓 最终指数	公寓 CAGR（%）	住宅综合 CAGR（%）	股票 CAGR（%）
1986~1989	20.08	31.71	16.44	11.58	49.44
1990~1999	31.71	39.28	2.16	0.38	1.23
2000~2009	39.28	77.97	7.10	5.24	5.05
2010~2018	77.97	100.03	2.81	2.35	2.17
1990~2018	31.71	100.03	4.04	2.65	2.83

股票投资和房地产投资，哪一个更好呢？

房地产有增加实际收益率的附带因素。除了买卖差价之外，你还可以在持有期间运用房地产获得额外的收益。在出租的情况下，可以获得月租收入，自己居住，还可以减少租赁费用。而在以全租的方式出租房屋的情况下，虽然不能减少月租收入或者租金，却具有无息借款的效果。正如我们在前面所观察到的那样，即使银行贷款没有体现出杠杆效应或是杠杆效应较低，但是全租保证金的确是无息负债，所以，房价上涨后即可以获得杠杆效应。当然，股票也可以在市价差价之外获得分红收益，但是与房地产租赁收入相比可要低得多。因此，除了买卖差价之外，如果还考虑持有期间收益的话，可以认为房地产的收益性更高。

此外，房地产还具有一个优势，就是它的波动性。从 1986 年至 2018 年，住宅（2.65%）和股票（2.83%）的上涨率相近，但很显然股票的波动性更大。在这期间住宅的收益率浮动范围在 −12.37%~21.04% 之间，而股票在 −50.92%~92.62% 之间，其波动性要大得多。在这 33 年中，有 7 次的损失是超过了住宅的最高损失率（−12.37%）的，换句话说，买房的人 33 年才一遇的痛，股民们每 5 年就要痛一回。然而，比起同样金额的利益给人们带来的幸福，人们在心理上更容易感受到同等损失所带来的痛苦[1]，考虑到这一点，房地产也会被认为是更好的投资手段。

---

1 根据丹尼尔·卡纳曼（Daniel Kahneman）的《思考，快与慢》（*Thinking, Fast and Slow*）中的内容，相同金额的损失和收益对比，人们对损失的感受力约是对收益的 1.5~2.5 倍。

当然，相对于房地产而言，股票也具有其自身的优势。首先是在税收方面。正如我们在前面所看到的那样，如果把收入的20%拿来投资，成为富人所需要的时间为27年，而考虑到通货膨胀和税收，所需时间就增加到了49年，瞬间增加了近2倍。这也就说明通货膨胀和税收是不可忽视的，因此，最易触碰富人敏感神经的就是税收。房地产投资需要缴纳很多税，不仅要对买卖差价即转让差价进行缴税，还要承担获得所有权时的契税、持有期间的所有权税（财产税、综合房地产税）等。相反，股票没有这些种类的税，即使有其他的税赋，也比房地产相关税收要少得多。特别是对于股票的转让差价，目前韩国一般情况是不征税的（对于大股东的转让差价是征税的，而且，最近关于大股东的范围也扩大了。另外，关于股份转让差价，对于小股东也应该全面征税的方案一直在积极地讨论中）。也正是因为如此，使得投资股票具有税前收益率和税后收益率几乎相同的优点。另外，股票交易时的手续费也比房地产少很多。

股票的另一个优点是可以进行小额投资。当然，房地产也有利用杠杆效应进行小额投资或是无本投资的情况，但这毕竟是例外情况，作为普通人，很难做到每个月仅用10万韩元投资在房地产上。而股票用1万韩元以下的小额就可以进行投资。因为不需要大规模的种子资金，所以很容易马上付诸实践。而且，投资股票管理起来也不像房地产那样麻烦。投资房地产需要维护或是保修，以便能找到承租人或者维持其价值，而投资股票则无须承担这些负担。但是，也正是由于股票这种易于操作的特点，使得很多人在没有任何学习的情况下就盲目地进入了股市，结果损失惨重，空手而归。投资股票确实不需要维护和保修，但是需要付出更多的学习和努力。

表 11-10 股票和房地产的利弊比较

类别	股票	房地产
优点	· 可小额投资 · 买卖差价免税	· 可使用杠杆效应 · 在持有期内产生额外收入 · 较小的波动性和稳定的收益率
缺点	· 波动性大	· 需要一定规模的投资资金

股票和房地产的优缺点如表 11-10 所示，但是，在过去 30 年，住宅和 KOSPI 的年上涨率分别为 2.65% 和 2.83%，还不到 3%。这样看来，投资年利率为 6% 的系统资产，并将其产生的系统收入进行再投资就更为有利了。而如果年化收益率在 3% 左右，那么就不用考虑是投资股票还是房地产了。

两者都不是!

◈ 必须要提高投资资产的预期收益率

如果股票和房地产所能达到的预期收益率是过去 30 年间的收益率水平，那么对于成为富人实在是没有多大的帮助。从收益性的角度来看，二者比把钱存在银行里要好，但如果投资股票和房地产的收益率连系统资产的收益率都达不到，那么还不如把它直接埋在系统资产里更为有利。无论如何，我们都必须要提高投资资产的预期收益率。可是，怎样才能提高收益率呢？

来学习捕鱼的方法吧

如果能轻易地找到一个绝妙的应对方案就好了，但是很可惜，我没有这样的能力。我也一直在这个领域积极地思考和学习，显而易见，唯一的办法就是"好好学习"。我之所以能在股票上获得如此高的收益率，也是因为我一直在思考和学习。我广泛地涉猎投资理财类的书籍，阅读并进行钻研，一听说有好的讲座，也会不惜时间和金钱去参加。虽然不能认为努力和成果之间是线性关系，但是，把这些努力积累起来，长此以往就会达到向表格右上方向发展的成果。当你阅读到这里时，如果有所感悟，有所进步，那不也正是学习的成果吗？

关于投资的学习，我愿意分享点经验，那就是"来学习捕鱼的方法吧"。令人奇怪的是，人们往往关心"鱼在哪里"。如果是房地产，人们会问哪些区域未来有发展前景；如果是股票，人们会问哪些行业或领域有发展前景。可是，既不知道捕鱼的方法，也没有捕鱼的工具，即使知道了哪里鱼多又有什么用呢？因为大家可能还会好奇，所以我先告诉大家，房地产方面，是首尔江南地区的公寓比较好；股票方面，则是生物产业和与第四次产业革命相关的领域比较有潜力。这些地方都会有很多"肉"。

你真的是想知道这些吗？比起用来系统学习股票和房地产的讲座，往往是"20××年市场展望"之类的讲座吸引的人要多得多。然而，这样的前景展望，只有当你具备了基本的投资知识和投资观点之后才有用。难道不是应该先学会如何捕鱼，然后再去找鱼吗？

投资房地产，要追求系统收入

关于房地产的投资，我无法就其相关的投资方法提出任何建议，因为我实在是没有积累足够丰富的经验。我的财产增值，完全是依赖股票实现的。虽然直到后来我才意识到必要的不是投资资产，而是系统资产，继而才对房地产产生了兴趣，但是，由于只把房地产当作系统资产来看待，所以对作为投资资产的房地产几乎没有什么经验可言，只是曾经给我妻子的土地投资提了一些常识性的建议。不过，在选择投资房地产时，最好是同时考虑其作为系统资产的可能性。

让我们再确认一遍，我们的终极目标是获得超越生计费用的系统收入，也就是说，在构建系统资产的过程中，暂时考虑将投资资产作为捷径。即使是为了以全租形式出租而通过 GAP 投资购买的公寓，也最好考虑一下在转换成月租形式出租时能够确保多少系统收入。如果只是因为相信房地产的市价会上升而进行投资，那么当房地产价格下跌时，因为没有对策，就会很尴尬。

事实上，在过去 30 年间，取得良好成果的首尔公寓交易市价，从 2010 年到 2013 年，也连续 4 年出现下降趋势。因此，我们需要好好把握，即便是市价下跌，也要考虑是否有足够的租赁需求，以便于将其转换成系统资产。

在前面介绍的《自动百万富翁》中，那对老夫妇成为富人的秘诀之一就是他们买了房子，然后以月租的形式把房子租出去，再用月薪自动转账偿还购房贷款。如果只存在于韩国的全租制度被取消，月租得以落实，那么比起投资资产，房地产则更有可能成为系统资产。

投资股票也要着眼于系统收入

股票是有可能通过正确的投资方法来改善其投资回报率的。刚刚进入股市的人们，我给你们推荐一本书，乔尔·格林布拉特（Joel Greenblatt）写的《股市稳赚》（*The Little Book That Still Beats the Market*）。作者乔尔·格林布拉特创立了名为戈坦资本（Gotham Capital）的对冲基金，20年间利用复利再投资实现了年40%的收益率，他还通过这本书提出了股票投资的"魔法公式"。魔法公式仅仅通过"资本回报率（return on invested capital）"和"收益率（earnings yield）"这两个指标来选择投资项目，其方法是计算在市场上交易的股票的资本回报率并排名，同时把收益率也进行排名，然后将两者放在一起考虑，从而投资排名最高的股票。他用这种方法于1998年至2004年间在美国股市取得了惊人的CAGR 30.8%的收益率。与当时市场的平均收益率12.3%相比，这是一个相当高的收益率。

我之所以推荐《股市稳赚》这本书，还因为它比其他的书更薄，可读性更高，也更容易上手，同时它还准确地指出了投资的精髓。在股票投资中，很多人常常会犯的最大错误之一就是把股票投资当成了"投资优质公司"。

投资的目的并不是投资优质公司！

投资的首要目的是"赚钱"。而要达到这一点，就必须"低价买入高价卖出"。而我眼中的优质公司，大概率也会是别人眼中的优质公司。况且如果在任何人看来都是优质公司，其股票的价格大多也很贵。那么投资赚钱的第一步就变成不是低价买入，而是高价买入了。所以，如果不考虑价格，只是去找一家优质公司，十有八九会在投资中亏损。虽然碰巧可能会赶上几次"买得贵卖得更贵"的情况，但最终还是会损失惨重。

股票投资的目标不应该是"投资优质公司"，而应该是"低价买入优质公司"。因此，需要对价位进行预估。计算股票的合理价值后，与其现在的价格进行比较，从而判断其是便宜（价格＜价值）还是贵（价格＞价值）。但是，大多数投资者往往都是拿价格和价格进行比较判断，而不是拿价格和价值进行比较。也就是说，人们并不去判断股票的合理价值，而只是通过把过去的价格和现在的价格进行比较，来判断其是便宜还是贵。原来价格10,000韩元的股票，如果现在价格变成了5,000韩元，就会认为是变得便宜了，如果现在价格变成了20,000韩元，就会认为是变得贵了。这只是指价格的"下跌"或者"上涨"，而并不能作为判断它"便宜还是贵"的依据。如果某股票的实际合理价值为3,000韩元，即使它从10,000韩元跌到了5,000韩元，这5,000韩元的价格仍然是很贵的，因此，它仅仅是一个将要进一步下跌的价格。

虽然乔尔·格林布拉特在书中提出的魔法公式里只有两个指标，但是他确实准确地指出了股票投资的目标是"低价买入优质公司"。

第一个指标"资本回报率"，表示公司的利润与投入资本的比例是多少。投资1亿韩元成立的公司，盈利1,000万韩元，那么资本回报率就是10%。而相对于投资者而言，资本回报率高的公司就是优质公司。

第二个指标是"收益率"，表示公司赚取的利润能花多少钱买到。假设现在利润是 1,000 万韩元的公司，用 5,000 万韩元购买，收益率就是 20%，如果用 2 亿韩元购买，那么收益率就是 5%。收益率越高，就是越便宜的公司。因此，资本回报率高的公司是优质公司，收益率高的公司是便宜公司，所以，投资这两种排名都高的公司，就成了"低价买入优质公司的方法"。只要坚持下去，就能取得超过市场平均水平的成果。

这种利用企业的财务数据或者市场的价格信息等量化的数据，制定并实施投资战略的行为被称为"计量投资"或"量化投资"。这是一种既能让进入股票投资领域的普通人轻易效仿，又能期待市场超额收益的合理投资方法。对于量化投资，姜焕国先生撰写的《你可以的！量化投资》一书中就有很好的阐述，书中包含了适用于韩国股市的各种量化策略。这本书的副标题就是"初学者就可以赚取年复利 20% 的股票投资秘诀"，非常适合初学者，如果你是想要投资股票的投资者，我建议你一定要读一读。在这本书中，作者不仅指出了魔法公式的局限性，还提出了"新魔法公式"作为补充。只要能达到书中给出的预期收益率，就能大幅度缩短你成为富人所需要的时间。

我在初期就是运用财务指标进行量化式的投资，随着越来越深入的学习，我对投资的信心也越来越强，我选择分析个别项目而后集中投资。很幸运的是，我获得了比预期更高的收益，并因此迅速实现了财富自由。但是，得这个过程也不是每个人都能轻易效仿的，它需要付出很多的学习、思考和忍耐。

因此，股票投资一开始应该是从量化投资入手，等充分做足了功课之后，可以把一部分资金逐渐转移到个别项目的投资上，注意观察其成果。除了投资成果之外，还要根据个人性格或是气质、投资环境的不同，来判断是量化投资合适，还是个别投资更合适。当然，这个判断需要一个过程，需要在投资实施的过程中以对自身的理解为基础。只有经历过这两者，我们才能得出最后的结论。

◇ 资产配置必不可少

无论你选择和实施了多么优秀的投资策略，都无法摆脱市场的风险。过去的成果并不能保证未来的收益，市场上随时会出现黑天鹅（Black Swan）事件[1]。

管理投资风险最传统的方法就是"资产配置"，即通过分别投资相关度不高或者有相反发展倾向的多种资产（股票、债券、黄金、原材料、海外资产，等等），分散风险，从而追求持续收益。可是，这样分散投资，虽然可以降低风险，却也很难达到我们想要的年化6%以上的收益率（因为情况会不断发生变化，所以我们需要做好资产配置的功课。对于个人投资者的资产配置，我推荐阅读金成日的《金钱滚动的魔法》）。

因此，我建议的方法是系统资产和投资资产的配置策略。这个方法就是把投资资金的一部分用于构建系统资产，以便稳定地提高系统收入，剩下的则分配给投资资产，以缩短达到目标所需的时间。至于两边各分配多少比较好，目前还没有找到科学合理的标准。不过，我建议在30%~70%的范围内根据个人情况进行调整。如

---

[1] 黑天鹅事件：看起来好像并不可能，且难以预料的情况真的发生了，从而给市场带来了巨大的冲击。

果你有信心承担风险，认为投资方面的功课已经做得差不多了，那就增加投资资产的比重；如果你觉得自己还需要更多的学习和经验积累，那就增加系统资产的比重。但是，不管你对投资抱有多大的信心，我还是希望你能把 30% 的投资资金放在系统资产上。因为当系统资产产生稳定的系统收入时，投资成果也会更有希望好转。

要想投资成功，心理上的从容和安全感也是重要因素。试想一下，一个必须在一个月之内获得收益的人，和一个可以用五年以上的时间进行投资的人，谁的成果会更好呢？如果能拥有稳定的系统收入，就可以在投资成果不佳的下滑期或是市场的低迷期坚持等下去。我们首先要保障的是，即使没有这笔钱也不会饿肚子。看看 1998 年金融风暴或是 2008 年金融危机时，没有处理投资资产而坚持下去的人们，如今的成果如何吧。

资产的价格是长期向上的。在资本主义社会，只要不断地印钞票，资产的价格就会上涨。只是短期的停滞随时可能发生，我们必须准备足够的力量和合适的替代方案来支撑我们度过这短期的停滞。投资奇才沃伦·巴菲特有一句名言是这样说的："股票市场是一种工具，它把无耐心者的钱转移到有耐心者手中。"

如果没有与生俱来的耐心，系统收入将会成为你的耐心！

致富练习

绘制专属于自己的路线图

让我们用 Excel 来勾勒出专属于自己的致富路线图吧。当然,我们很难迅速达到"系统收入 > 生计费用"这一成为富人的条件。那就让我们先分阶段设定目标系统收入。请按照以下步骤绘制专属于自己的路线图吧。

1. 划分阶段

我们可以考虑两种划分阶段的方法。

①设定阶段内的目标

首先,设定各阶段的期限,再制定以每 3 年为单位或是每 5 年为单位的目标。例如,可以如下设置:

设定各阶段的目标

年份(年龄)	最小系统收入目标
2020年(30岁)	现在(0韩元)
2025年(35岁)	30万韩元
2030年(40岁)	60万韩元
2035年(45岁)	90万韩元
2040年(50岁)	120万韩元

续表

2045年（55岁）	150万韩元
2050年（60岁）	180万韩元

② 按人生的转折点设置

按照人生的主要转折点，也就是按结婚、生育、孩子入学和毕业、退休等时间点，设定各个阶段的目标。例如，可以如下设置：

设置各个人生转折点的目标

年份（年龄）	事件	系统收入目标
2020年（30岁）	现在	
2022年（32岁）	结婚	20万韩元
2025年（35岁）	第一个孩子出生	50万韩元
2027年（37岁）	第二个孩子出生	80万韩元
2032年（42岁）	第一个孩子入学	100万韩元
2034年（44岁）	第二个孩子入学	120万韩元
2040年（50岁）	中间目标	150万韩元
2045年（55岁）	中间目标	170万韩元
2050年（60岁）	退休	200万韩元

即使不用这两种方法，也希望你能根据自己的实际情况，通过其他方法来设定短期的目标。无论你如何设定，时间和金额都必须要具体。

2. 设定资产配置比例和目标收益率

如果仅仅靠系统资产投资很难实现短期目标，那么，你还可以尝试将全部资金用于投资系统资产。可是，系统资产的收益率是会随时发生变化的。随着近期利率不断走低，系统资产的收益率也在不断下降。如果按照税前 6% 的系统收益率计划，是没有问题的，可是系统收益率要是降到 4%，可能就会出现问题了。所以，平时最好把投资资金的 30% 投入到投资资产中，同时也要学习并分析一下，哪些投资资产适合自己。

在前面的例子中，①的短期目标是在 5 年后创造 30 万韩元的系统收入。让我们运用在第十章致富练习中使用过的 Excel 函数，来计算出投资金额吧。

	A	B
	B7	fx =PMT(B1/12,B2*12,B3,B6)
1	收益率（年）	3.3%
2	投资期限（年）	5年
3	当前余额	₩0
4	目标系统收入	₩300,000
5		
6	目标系统资产	₩109,090,909
7	月投资额	-₩1,674,798

如果以②为例，其短期目标是在 2 年后创造 20 万韩元的系统收入。为了实现目标，每个月应该投资的金额如下：

	A	B	C	D	E	F
	B7	fx	=PMT(B1/12,B2*12,B3,B6)			
1	收益率（年）	3.3%				
2	投资期限（年）	2年				
3	当前余额	₩0				
4	目标系统收入	₩200,000				
5						
6	目标系统资产	₩72,727,273				
7	月投资额	-₩2,935,566				

　　在①的情况下，每个月需要积攒 168 万韩元（约人民币 8,400 元）用于投资，而在②的情况下，每个月需要积攒 294 万韩元（约人民币 1.47 万元）用于投资。在可以满足投资的情况下，将其中的 70% 投资系统资产，剩下的 30% 投资投资资产。如果投资资产的税后实际收益率超过 3.3%，那么，你就能超额完成目标，如果达不到，就会以失败告终。但是就算失败了，也把它当成是为了提高长期投资回报率而付出的学习实践吧。

　　如果你不能按照上面设定的金额进行投资，又该怎么办呢？此时，应当提高投资资产的比重，还要设定投资资产的目标收益率。如果是在①的情况下，实际可投资金额为 120 万韩元，则可按照以下方式计算出目标收益率。

　　首先，要确定系统资产和投资资产的配置比例。如果你认为自己还很年轻，可以进行激进型投资，你可以把 30% 的份额分配给系统资产，70% 的份额分配给投资资产。在这种情况下，系统资产的投资额为 36 万韩元（约人民币 1,800 元）。如果每个月向系统资产投资 36 万韩元，5 年后可以获得多少系统资产呢？使用 FV（future value）函数就可以得出结果。

FV（rate、nper、pmt、[pv]、[type]）

每年投资100,000韩元的资产，收益率为10%，10年后可获得的金额，计算方式如下：

RATE（利率）=10%

NPER（支付次数）=10次

PMT（支付金额）=（-）100,000

将其代入Excel，即可得到1,593,742韩元（约人民币7,968.71元）的结果，计算过程如下：

	A	B	C	D	E	F	G
				fx	=FV(10%,10,-100000)		
1	₩1,593,742						

每个月360,000韩元投资税后收益率为3.3%的系统资产，5年后可获得的金额如下：

RATE（利率）=3.3%/12

NPER（支付次数）=5年×12

PMT（支付金额）=（-）360,000

	A	B	C	D	E	F	G
1	₩23,449,230						

A1 　　　fx =FV(3.3%/12,5*12,-360000)

为了获得每个月 300,000 韩元的系统收入，所需要的系统资产是 109,090,909 韩元（约人民币 54.54 万元），而投资系统资产可以获得的金额是 23,449,230 韩元（约人民币 11.72 万元），所以，剩下的金额 85,641,679 韩元（约人民币 42.82 万元）应该通过投资资产来获得。

如果把每个月用于投资的 120 万韩元进行分配，其中的 70% 即 84 万韩元（约人民币 4,200 元）用于投资资产，那么，在 5 年后要达到 85,641,679 韩元，需要的收益率是多少呢？用来求这个收益率的是 RATE 函数，其用法如下：

> RATE（nper、pmt、pv、[fv]、[type]、[guess]）
>
> *guess 作为可选择项，是利率的估计值。有时候，预期的收益率可能会远远超过 Excel 估计的范围。比如，你需要达到 1,000,000% 的收益率，在 Excel 中就不容易得出。这时，你可以输入 1,000,000% 的 guess 值，就可以帮助 Excel 查找到结果。

我们当前需要输入的参数值如下：

NPER（支付次数）=5 年 ×12

PMT（支付金额）=（−）840,000

PV（当前余额）=0

FV（未来目标金额）=85,641,679

将其输入 Excel 中，就可以计算得出 1.672% 的目标月收益率，其计算过程如下：

	A	B	C	D	E	F	G
	A1			fx	=RATE(5*12,-840000,0,85641679)		
1	1.672%						

将得出的这个结果乘以 12 即得到 20.07%，但是，我们想求得的收益率是复利效果的，所以，我们按照"（1+1.672%）^{12}−1 ≈ 22.02%"来计算，得出的目标收益率为 22%。

	A	B	C	D	E	F	G
	A3			fx	=(1+A1)^12-1		
1	1.672%						
2	20.07%						
3	22.02%						

值得注意的是，如果这样计算出的目标收益率过高，就有必要根据现实情况对目标进行修改。据说沃伦·巴菲特的年化收益率也就是 20% 左右。此外，因累计收益率为 2,700%，而被称为历史上

最优秀的基金——彼得·林奇的麦哲伦基金，其年化收益率也只是29%。

如果你以比他们更高的年化收益率为目标，那就不是投资了，稍有不慎就会走上投机的道路。一两年间可能会有昙花一现的高回报收益，但是要稳步实现高水平回报可并非易事。

你没必要太着急，不一定非要以完全的财富自由（系统收入＞生计费用）为目标。

以"每个月除了工资之外，只要能另外按时收到××万韩元，就别无他求"为目标也是可以的。做到这一点，我们的生活就可以变得更好了。

3. 阶段性检查和修正

希望你可以像前文说的那样，设定短期目标，把它们记录下来，然后再定期进行检查。看看自己是否已经实现了第一个阶段的目标，如果没有实现，那么原因是什么，再比较一下预期的目标投资回报率和实际的投资回报率。通过这种方式，可以在修改和更新长期目标的同时，判断自己是否很好地遵循了专属于自己的路线图，如果脱离了轨道，要知道该如何补救。通过这样的方式，不断地向着目标努力，你的致富计划一定会从量变达到质变，期待你能成为真正的富人。

结束语

做幸福的真富人

世界将会一直变化。

本书推荐的摩根大通的固定分红优先股，很适合作为目标收益率为 6% 的系统资产，近期其固定分红率却已经降至 4.75%。伴随着美国利率的不断下调，原有的利率为 6% 左右的优先股将被赎回，而后再以 4.75% 的利率发行。韩国国内的情况也不容乐观。近几个月以来，政府出台的房地产政策也表明，通过房地产获得的收入将被视为非劳动所得。

我们无法预测几个月之后情况又会发生怎样的变化。也许本书中所涉及的内容也会随着时间的流逝，慢慢变成"需要抛弃的旧东西"。虽然书中的知识可能会成为被丢弃的东西，但是，我相信，读过这本书的人，在实践书中内容的过程中积累下的智慧，将会成为其人生的养分。

想要成为富人的过程如下所示。

1. 衡量并记录下自己所处的状态。
2. 制定财务目标，并绘制出要实现这一目标的路线图。
3. 定期确认是否很好地遵循了实现目标的线路图，并根据实际执行情况适时修改行动方案。

有了钱就会幸福吗？在 KBS（韩国广播公司）2011 年播出的纪录片《幸福的方法》中，就有观察金钱和幸福之间关系的内容。在人们选择的"幸福所需要的东西"中，"钱"是最多人选择的一项。而在"有多少钱才算幸福"的问题上，选择最多的是 10 亿~50 亿韩元。平均下来的话是 21 亿韩元，相当于当时 1% 的最上层人们所拥有的财产金额。

真的是有了钱就幸福了吗？根据许多研究的结果，在摆脱贫困的水平上，金钱对于幸福确实有着很大的影响。在一日三餐都没有着落的情况下，金钱可以保证生存，从而给予幸福。可是如果超出了一定的水平，金钱和幸福就没有相关性了。在纪录片中介绍的研究结果也显示，月收入在 400 万韩元以下时，幸福感会与收入成正相关性，但是，超过了 400 万韩元之后，即使月收入增加，幸福感也不会随之增加，反而还有可能减少。

韩国延世大学徐恩国教授是世界知名心理学家，他在著作《幸福的起源》一书里谈到，钱在使人类感受到幸福这件事上所起到的作用，就和维生素的作用是一样的。缺乏维生素会导致人体出现各种各样的异常症状，但是，维生素摄入过量也对健康没有任何益处。同样的，缺钱会让你很不快乐，但是，超过了一定水平的钱对你的幸福也没有什么帮助。人们往往为了赚取更多的钱而牺牲其他影响幸福的因素（如健康、陪伴家人的时间、社会关系，等等），使得钱反而成为妨碍幸福的因素。

心理学上说，人有"享乐适应"。也就是说，人对于任何事情都有适应的能力，从而产生一种耐性，因此在同样程度的刺激下，就感觉不到最初的那种快乐了。收入的增加和财富的积累无疑是一件令人高兴的事情，但是，一旦你适应了这种快乐，你就会想要更多的财富，也就是期待能有更大的刺激。有钱人反而对于金钱更加贪婪也是缘于这个原因。如果不能获得金钱自由，反而中毒上瘾般被钱牵着鼻子走，那还能算是真正的有钱人吗？

纪录片《幸福的方法》中出现了很多人，其中一个是一家烤肉店的老板，他辞掉工作从事个体经营，苦熬了7年，为了不放过任何一个可以大赚一笔的生意机会，一年之中连一个休息日都没有，每天持续工作到凌晨4点。每天清晨到下午5点由他的妻子做午饭生意，下午5点到凌晨4点由他来做晚饭生意。夫妇俩的两个女儿因为经常见不到爸爸的面，而这样问爸爸："我们什么时候才能一起生活？"这对夫妇的目标是在10年后成为"时间上的有钱人"。还有一个是一名牙科医生，他来到一座新的城市，开了一家牙科医院，在两栋面对面的建筑物里，他的医院从七家牙科医院的竞争中生存了下来。虽然是比较大型的牙科医院，雇有十名牙医，但他还是表示很不安，一直焦虑如果现在不进一步发展，随时有可能在激烈的竞争中被淘汰。

在OECD（经济合作与发展组织）调查的幸福指数排名中，韩国每次都处于最低水平。在纪录片中有一个街头问卷调查，问题是"你对你的生活满意吗"，结果只有53%的韩国人表示满意，而幸福指数排名第一的丹麦，则有93%的人表示满意。还有一幕让人印象深刻，那是对一名丹麦砖瓦工的采访。他对自己的工作感到非常自豪。他说，如果没有像他这样的人，人们就必须住在没有屋顶或墙壁的房子里，他所做的工作就和银行行长一样重要。他每年至少带薪休假 5 周，每周工作时间不超过 37 个小时，而每个月的收入是 600 万韩元，但是，其中近一半的收入，大约为 300 万韩元，都要用来交纳税金。也就是说，税后收入也就只有 300 万韩元。虽然收入的一半都被征税了，他却完全没有不满，反而觉得自己得到了更多的回报。事实上，等他到了 65 岁，每个月都能得到自己平均收入的一半的养老金，直到去世。

国家就算是系统资产！

在一个保障基本生存条件的社会中，重要的是自己和家庭。现在让我们来看看砖瓦工梅斯·汉森回答的原话吧。

"当我现在正在做着自己想做的事情，我不需要很多钱。当然，这并不意味着钱不重要。每个人都想赚很多钱，但是把时间花在妻子、孩子和其他事情上要比赚钱重要得多。"

我们常说"劳动是神圣的"。如果说神圣的劳动所得不是有钱人的发财之道，而"不值得尊敬"的"不劳而获"才是真正的发财致富的方法，总有一些人会对此很反感。我也从来都没有鄙视劳动的想法。但是，我们真的是在做神圣的劳动吗？为了谁、以什么为目的劳动呢？如果你只是以赚钱为目的，强忍着去做自己不愿意做的事情，这样还能用神圣来形容吗？为什么每个上班族都最喜欢星期五，而最讨厌星期一呢？

在一个电视节目中，有人曾经这样说："不给钱你也会去工作吗？不给钱就不工作了嘛。所以工作就是为了钱。"这个说法未免太过无情，也太过偏激了。

如果不能以得到报酬为动力，我也不想讲课，更不想写书。如果有人不给钱也工作，这对于整个社会来说也是绝不可取的。想想看吧，如果你现在的工作，有人愿意免费做，会怎么样呢？"不拿钱也会去工作吗"这并不是一个好问题，相反，我想这样提问：即使你有足够多的钱，你还会去工作吗？

如果真的是神圣的劳动和有意义的工作，难道不应该是即使有足够多的钱也会去工作吗？心里想着只要中了彩票就马上辞掉工作，能叫作"神圣的劳动"吗？

我也是成了有钱人之后才能从事所谓的神圣的劳动的。随着系统收入超过生计费用，我觉得"为了赚钱的工作"可以不用再做了。我开始思考，什么才是我真正喜欢的事情、想做的事情呢？让自己身心疲惫的线下讲座减少了，但是，通过向别人传递知识，给别人启发，继而得到感谢的反馈，我有了"即使有足够多的钱也想做的事情"。因此，作为世界上最成功的投资者之一的雷伊·达里奥（Ray Dalio）为普通人写书和拍摄视频，这些也是完全可以理解的了。所以，我决定继续坚持偶尔会有的专题讲座或是线上讲座。还有，像这样写书来传达我的想法也让我很开心。即使我有足够多的钱，我也想继续这样写下去。因为没有规定截稿期限，有时间想写就写，虽然照这样出版一本书花了一年多的时间，可这是一件多么令人愉快的事情啊。

还有什么是令人兴奋而又有趣的事情呢？即使有足够多的钱，还想去做的事情还有什么？一开始我从来没有想过这些，在很长一段时间里，我只考虑"怎样才能赚更多的钱，如何做才能达到让别人羡慕的成功"这样的问题，根本没有仔细深入地想过自己真正喜欢的是什么，我意识到自己完全不了解自己。

然后突然想起前面提到的桌游了。小时候，因为零用钱不够，和朋友们玩的都是自己制作的各种规则的游戏，比如自己动手画和剪的骰子游戏或棋牌游戏，但还是非常开心的。在注册会计师第二次考试再次落榜的时候，正好也是对未来充满不安的时期，我也曾想过实在不行就直接放弃当会计师的想法，进入一家游戏开发公司，就靠"热情"工作挣钱生活好了。就这样，近20年来没有回顾过的道路再次显现，我感觉自己越来越了解自己了。现在这才算是"神圣的劳动"。

如果你有了足够多的钱，你会做什么工作呢，你有想过吗？我希望有越来越多的人能找到这样的工作。这样一来，你就会像丹麦那个砖瓦工一样，对自己所从事的工作感到无比自豪。我希望我们的社会中这样的人越来越多。希望韩国也能提高福利水平，强化养老金制度。虽然我也曾强调税后实际收益率很重要，需要减少税负甚至反对税收，但如果是像丹麦这样的情况，我也愿意交税。人类是不会独自一人感到幸福的，而是要在与周围的人的社会关系中得到安全感。如果在围墙之外到处都是贫民和强盗，你还能获得幸福吗？

当然，韩国目前的福利和养老金制度还达不到我们所希望的水平。如果国家不能提供，那么就必须由个人来构建。我期待在这本书中讨论的致富公式和系统收入能成为帮助你幸福的安全网。如果是那样，我想我和你就能一起成为真正幸福的有钱人。

如果这本书能够为提高我们社会的幸福指数做出贡献，哪怕只能贡献0.001%，对我来说也算意义非凡了。

附录

持续增加分红 25 年以上的美股企业
（25-Year Dividend Increasing Stocks）

（单位：年，%）

项目代码	公司名称	分红增长期间	分红收益率
AWR	American States Water	64	1.28
DOV	Dover Corp.	63	1.89
NWN	Northwest Natural Gas	63	2.75
EMR	Emerson Electric	62	2.79
GPC	Genuine Parts	62	2.97
PG	Procter & Gamble	62	2.39
MMM	3M	60	3.42
CINF	Cincinnati Financial	58	1.98
JNJ	Johnson & Johnson	56	2.88
LOW	Lowe's	56	1.98
KO	Coca-Cola Co.	56	2.94
LANC	Lancaster Colony Corp.	56	1.87
ITW	Illinois Tool Works	55	2.54
CL	Colgate-Palmolive	55	2.51
TR	Tootsie Roll	53	1.05
CB	Chubb Limited	53	1.97
HRL	Hormel Foods	52	2.05
ABM	ABM Industries	51	1.97
FRT	Federal Realty Investment Trust（REITs）	51	3.09
SCL	Stepan Co.	51	1.11
SWK	Stanley Black & Decker, Inc.	51	1.80
TGT	Target	51	2.45
CWT	California Water Services Group	51	1.41
SJW	SJW Corp	51	1.61

CBSH	Commerce Bankshares	50	1.62
BKH	Black Hills Corp	49	2.56
FUL	H.B. Fuller Co.	49	1.31
NFG	National Fuel Gas Co.	48	3.84
SYY	Sysco Corp	48	1.96
BDX	Becton Dickinson	47	1.20
MSA	Mine Safety Applications	47	1.39
LEG	Leggett & Platt	47	3.12
TNC	Tennant Co.	47	1.16
UVV	Universal Corp	47	5.54
GWW	W.W.Grainger	47	1.87
ABT	Abbott Labs	46	1.53
GRC	Gorman-Rupp	46	1.57
PPG	PPG Industries	46	1.62
PEP	PepsiCo	46	2.79
VFC	V.F. Corporation	46	2.33
ABBV	AbbVie Inc.	46	5.38
MSEX	Middlesex Water Co.	46	1.55
HP	Helmerich Payne	46	7.57
KMB	Kimberly-Clark	46	3.10
NUE	Nucor Corporation	45	2.94
ADP	Automatic Data Processing	44	1.95
TDS	Telephone & Data Systems	44	2.47
ED	Consolidated Edison	44	3.21
RPM	RPM International	44	1.97
WMT	Wal-Mart Stores	44	1.80
MGEE	MGE Energy	43	1.84
WBA	Walgreens Boots Alliance, Inc.	43	3.28
ADM	Archer Daniels Midland Co.	43	3.33
PNR	Pentair Inc.	42	1.72
MCD	McDonald's	42	2.54
CSL	Carlisle Co.	42	1.31
RLI	RLI Corp	42	0.95
CLX	Clorox Co.	41	2.87
MDT	Medtronic, Inc.	41	1.99
SHW	Sherwin Williams	40	0.77

代码	公司	年数	股息率
EV	Eaton Vance	38	3.29
CTBI	Community Trust Bancorp	38	3.47
SON	Sonoco Products Company	38	2.95
BEN	Franklin Resources	37	3.77
ORI	Old Republic International Corp	37	3.57
WEYS	Weyco Group	37	3.84
APD	Air Products & Chemicals	36	2.18
XOM	Exxon Mobil	36	5.14
ATO	Atmos Energy	36	1.87
CTAS	Cintas Corporation	36	0.76
AFL	Aflac	36	2.03
BF-B	Brown-Forman	34	1.01
DCI	Donaldson Company	34	1.59
T	AT&T	34	5.34
ECL	Ecolab Inc.	33	0.96
SRCE	First Source Corporation	33	2.25
MCY	Mercury General	33	5.31
CVX	Chevron Corp	33	4.10
BRC	Brady Corp	33	1.54
TMP	Tompkins Financial	33	2.37
UHT	Universal Health Realty Income Trust (REITs)	33	2.23
UGI	UGI Corp	33	2.71
MKC	McCormick & Co.	32	1.40
TROW	T. Rowe Price	32	2.59
THFF	First Financial Corp	32	2.38
CFR	Cullen Frost Bankers Inc.	26	3.15
SKT	Tanger Factory Outlet (REITs)	26	8.65
WST	West Pharma Services	26	0.44
JW-A	John Wiley & Sons	25	2.95
ESS	Essex Property Trust (REITs)	25	2.38

※ 截至 2019 年 10 月 31 日

来源：Dividend.com